CHWYLDRO YM MYD DARLLEDU
– Radio Abertawe 257

Er cof am Willie Bowen ac Aled Glynne Davies

'Tra bydd cof am raglenni Cymraeg gorsaf Sain Abertawe,
bydd sôn am ddau gyflwynydd yn arbennig,
Willie Bowen ac Aled Glynne Davies.'

– Wyn Thomas

Chwyldro ym Myd Darlledu

Cofio 'cyfnod allweddol yn hanes darlledu yng Nghymru'

Golygydd: Siân Sutton

Cydnabyddiaeth – Gyda diolch i'r holl gyfranwyr am fod mor barod i drafod eu profiadau, i gwmni Silin Cyf. a BBC Radio Cymru am gomisiynu cyfres fer o raglenni i roi'r hanes ar gof a chadw.

Argraffiad cyntaf: 2024

Hawlfraint testun: awduron, 2024

ISBN clawr meddal: 978-1-84527-956-1

ISBN elyfr: 978-1-84524-622-8

CYNGOR LLYFRAU CYMRU

Cyhoeddwyd gyda chymorth Cyngor Llyfrau Cymru

Cynllun clawr: Eleri Owen

Cyhoeddwyd gan Wasg Carreg Gwalch,
12 Iard yr Orsaf, Llanrwst, Dyffryn Conwy, Cymru LL26 0EH.
Ffôn: 01492 642031
e-bost: llyfrau@carreg-gwalch.cymru
lle ar y we: www.carreg-gwalch.cymru

Argraffwyd a chyhoeddwyd yng Nghymru

CYNNWYS

Cyflwyniad

Dechrau 'chwyldro mewn darlledu'

Vaughan Roderick

Mewn cyfnod lle mae'n dewisiadau gwylio a gwrando bron yn ddiddiwedd a diderfyn, mae'n anodd credu pa mor gyfyng oedd ein dewisiadau brin hanner canrif yn ôl.

Roedd y bocs yng nghornel yr ystafell fyw yn cynnig tair sianel deledu heb unrhyw fodd i'w recordio, a'r weirlas yn y gegin fawr gwell gyda'r BBC a'i phedair gorsaf yn berchen ar fonopoli ar y tonfeddi.

Roedd pethau wedi dechrau newid ym myd radio yn yr 1960au wrth i 'fôr-ladron' geisio meddiannu'r tonfeddi o gychod oedd wedi eu hangori'n ddiogel dair milltir o'r arfordir y tu hwnt i afael yr awdurdodau.

Ond ac eithrio gorsaf Radio Caroline North yn darlledu o'i safle ym Mae Lerpwl, doedd signalau'r llongau peirat ddim yn cyrraedd Cymru. I ni, Radio One, Two, Three a Four oedd yr unig ddewisiadau, gydag ambell i raglen Gymraeg a Chymreig ar y pedwerydd rhwydwaith.

Meddyliwch felly cymaint o newid oedd hi i droi eich set radio mlaen ar un bore ym mis Medi 1974 a chlywed y geiriau hyn:

'Bore da. Good morning. As managing director I am very proud to say for the very first time that this is Swansea Sound bringing independent radio to Wales, to entertain, to inform and above all give yourselves a real involvement in community matters ... '

Oedd, roedd Sain Abertawe ar yr awyr, radio masnachol wedi cyrraedd Cymru ac, am unwaith, roedd Abertawe ar y blaen i Gaerdydd!

Mae'n anodd credu heddiw, ond roedd sawl arbenigwr o'r farn na fyddai'r orsaf yn gynaliadwy. Sut y byddai hi'n llenwi'r holl oriau gwag yna heb rwydwaith Prydeinig yn gefn iddi? A fyddai 'na ddigon o fusnesau'n fodlon hysbysebu i'w chynnal hi? Ac, yn bennaf oll, a fyddai'r cyhoedd yn dewis gwrando ar raglenni swllt a dimau lleol yn hytrach na chynyrchiadau sgleiniog y BBC?

O'i stiwdios di-nod ar gyrion Abertawe, fe lwyddodd yr orsaf newydd i brofi'r sgeptigiaid yn anghywir ar bob cyfri. Fe gefnodd trigolion gorllewin Morgannwg a Sir Gâr ar y BBC yn eu cannoedd o filoedd, gan ddwli ar y darlledu anffurfiol, agos atoch chi, oedd yn cael

'... codi llen
ar gyfnod
allweddol yn
hanes darlledu
yng Nghymru.'

ei ddarparu ar eu cyfer.

Cododd yr orsaf gywilydd ar y BBC drwy gynnig mwy o oriau o ddarlledu Cymraeg na'r gorfforaeth, ac oherwydd hi a'i thebyg, fe ddechreuwyd ar chwyldro mewn darlledu yn Lloegr a'r Alban.

O fewn llai na degawd i'r bore hwnnw yn 1974 roedd gorsafoedd masnachol i'w clywed yng Nghaerdydd ac yn Wrecsam, ac roedd y BBC wedi lansio dwy orsaf radio newydd yn benodol ar gyfer Cymru, y naill yn Gymraeg a'r llall yn Saesneg.

Roedd modd i chi ddefnyddio'ch peiriant VCR i recordio rhaglenni sianel deledu newydd, sef S4C, ac yn dawel fach ym mis Ionawr 1983 fe lansiwyd modd i gyfrifiaduron gyfathrebu gyda'i gilydd – neu'r rhyngrwyd fel ry'n ni'n ei galw hi.

Nod y gyfrol hon yw cofnodi hanes y degawd rhyfeddol hwnnw yng ngeiriau'r bobol a fu'n gweithio i Sain Abertawe a'r gorsafoedd eraill, gyda nifer yn enwau cyfarwydd hyd heddiw.

I rai, fe fydd y gyfrol yn dwyn i gof atgofion sur a melys, ac i eraill, yn codi llen ar gyfnod allweddol yn hanes darlledu yng Nghymru.

Y Cychwyn

Wyn Thomas

Sain Abertawe oedd gorsaf radio fasnachol gyntaf Cymru, a'r seithfed drwy wledydd Prydain. Wyn Thomas a gafodd y gwaith annisgwyl o arwain rhaglenni Cymraeg yr orsaf ...

Yn 1974 roeddwn yn hapus fy myd yn gweithio yn Adran Materion Cyfoes cwmni HTV ym Mhontcanna, Caerdydd, heb unrhyw awydd i newid fy swydd. Roeddwn yn ymwybodol fod newid i fod yn y gwasanaethau radio yng Nghymru oherwydd penderfyniad Llywodraeth Edward Heath i sefydlu gwasanaethau radio lleol annibynnol ar draws Prydain. Addaswyd yr awdurdod a oedd yn gyfrifol am deledu annibynnol, yr ITA, i ofalu hefyd am y gorsafoedd radio annibynnol. Hwn fyddai'r Awdurdod Darlledu Annibynnol, yr IBA.

Eu tasg gyntaf oedd penderfynu pa ardaloedd a fyddai'n cael radio lleol annibynnol. Wedi dewis Llundain a dinasoedd mawr Glasgow, Birmingham a Manceinion, daeth yn syndod mai'r seithfed dewis oedd Abertawe. Hon fyddai'r orsaf gyda'r nifer lleiaf o wrandawyr dichonol, a chan fod y nifer o siaradwyr Cymraeg yn yr ardal yn gymharol uchel, roedd angen i'r orsaf newydd gynnig gwasanaeth dwyieithog.

Wrth ofyn i gwmnïau wneud cynigion i ennill etholfraint i gynnal y gwasanaethau newydd, roedd gofyn i'r radio lleol yn ardal Abertawe gynnwys 13% o raglenni Cymraeg yn yr oriau darlledu. Byddai hyn yn adlewyrchu nifer y siaradwyr Cymraeg yn ardal Abertawe, Llanelli, Castell-nedd, Aberafan, Bro Gŵyr, a chymoedd Gwendraeth, Tawe, Aman, Nedd ac Afan. Nid oedd yn fawr o syndod mai'r cwmni cyntaf a ddaeth i'r amlwg oedd cwmni dan arweiniad Syr Alun Talfan Davies, bargyfreithiwr a anwyd yng Ngorseinon, Abertawe, ac a ddaeth yn gadeirydd bwrdd cwmni HTV Cymru, perchennog gwasg, gwleidydd a 'Thad Bedydd' i'r teulu Talfan Davies a oedd mor ddylanwadol ym myd y cyfryngau Cymreig.

Gydag Alun Talfan Davies yn rhan allweddol o'r cwmni newydd, roedd nifer o enwau cyfarwydd a darlledwyr fel Carwyn James a'r gŵr busnes, sylwebydd rygbi a'r cyn-chwaraewr rhyngwladol, Clem Thomas, wedi ymuno â'r cwmni. Roedd pawb ym myd y cyfryngau Cymreig yn sicr y byddai'r cwmni hwn, gyda'i holl brofiad yn y maes darlledu, yn sicrhau llwybr clir i ennill cymeradwyaeth yr IBA. Ond nid felly y bu! Daeth criw o wŷr busnes,

14 — THE STAGE and TELEVISION TODAY, August 2, 1973

Swansea Sound wins radio bid

THE IBA has decided to award the first Welsh commercial radio contract to Swansea Sound Limited, whose chairman is Mr. John Allison. There were two applications for the Swansea franchise.

The company is expected to begin

The Stage and
Television Today,
2 Awst, 1973

cyfreithwyr ac academwyr o ddalgylch yr orsaf newydd ynghyd i ffurfio cwmni dan yr enw Sain Abertawe/ Swansea Sound, er mwyn peidio â chaniatáu i gwmni Syr Alun gael yr hawl i redeg yr orsaf newydd heb unrhyw gystadleuaeth. Er mawr syndod i bawb, ac yn arbennig cwmni Sain Abertawe, y nhw a enillodd fendith yr IBA a chael yr hawl i ddarlledu ar yr orsaf leol gyntaf yng Nghymru.

Y broblem gyntaf y bu'n rhaid i gwmni Sain Abertawe ei hwynebu oedd y ffaith nad oedd yr un aelod o'r bwrdd yn rhugl yn y Gymraeg. Felly, er mwyn cadw'r addewid i'r IBA i barchu'r gofynion am yr iaith Gymraeg, penodwyd John Bevan yn Rheolwr-gyfarwyddwr y cwmni. Roedd yn adnabyddus yng Nghymru am ei gyfraniadau at raglenni Cymraeg y BBC, yn darlledu rhaglenni dogfen ar y teledu yng nghyfnod y darlledwyr Owen Edwards ac Ednyfed Hudson

Davies, ac yn arbenigo mewn hanes a thraddodiadau Cymreig.

Y bwriad oedd i Sain Abertawe ddechrau darlledu ar 30 Medi, 1974, ond ym mis Mehefin y flwyddyn honno daeth y newyddion fod John Bevan wedi penderfynu gadael Sain Abertawe. Ni wn hyd heddiw beth oedd y tu ôl i'w benderfyniad i adael mor swta. Ar fyr rybudd, bu'n rhaid dewis Rheolwr-gyfarwyddwr newydd, a dewiswyd Charles Braham, aelod o'r bwrdd a oedd yn meddu ar brofiad newyddiadurol eang ac yn rheolwr ar bapurau newydd y *Llanelli Star* a'r *Cardigan & Tivyside Advertiser*. Yn enedigol o Lundain, daeth Charles Braham i Gymru fel efaciwî yng nghyfnod yr Ail Ryfel Byd. Fe gymerodd perchnogion y ddau bapur newydd at y bachgen o Lundain a phenderfynu rhoi addysg iddo a'i gadw yn y teulu a'i wneud yn rheolwr ar eu papurau newydd.

Ffarwél, Pontcanna

Roeddwn yn hapus yn gweithio ym Mhontcanna ar raglenni materion cyfoes gyda Gwyn Erfyl ac Emyr Daniel, a gyda'r newyddiadurwr o Abertawe, John Morgan, a oedd yn gyflwynydd cyfarwydd ar raglenni *Tonight* a *Panorama* ar y BBC. Yn ystod haf 1974 roeddwn yn rhan o'r tîm a oedd yn cynhyrchu'r gyfres *Great Little Trains of Wales* gyda'r darlledwr o Abertawe, Wynford Vaughan-Thomas.

Cefais alwad ffôn gan John Morgan un noswaith yn dweud bod Maggie Aeron Thomas, aelod o fwrdd Sain Abertawe, wedi cysylltu â fo ac Wynford Vaughan-Thomas, i ofyn a allent gynnig ateb i broblem a oedd wedi codi yn sgil eu paratoadau i gael Sain Abertawe i ddechrau darlledu. Gan fod John Bevan wedi gadael, nid oedd yr un darlledwr profiadol yn y Gymraeg yn rhan o'r cwmni. Y pryder oedd y byddai'r IBA yn tynnu'n ôl yr hawl i ddarlledu os na fyddai'r cwmni yn gallu denu darlledwr o Gymro i ymuno â nhw. A'r awgrym oedd i mi ymuno â Sain

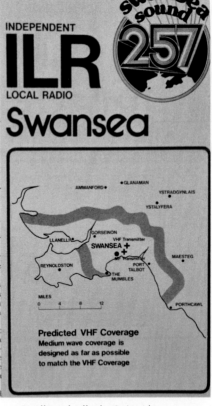

Map o'r gorsafoedd radio lleol y bwriedid eu sefydlu erbyn 1975

Cynllun darlledu Sain Abertawe

Abertawe fel Pennaeth Rhaglenni Cymraeg. Byddai'r profiad o gychwyn gwasanaeth newydd yn werthfawr i HTV pan fyddai'r bedwaredd sianel yn cychwyn.

Ffarweliais ag HTV, ei holl adnoddau moethus a chyfeillion agos, a mentro i'r gorllewin yn ofnus, gan ofyn i mi fy hun a oeddwn wedi gwneud y penderfyniad iawn. Roedd Sain Abertawe wedi penderfynu adeiladu stiwdio newydd sbon hanner ffordd rhwng Tre-gŵyr a Gorseinon, adeilad a oedd wedi'i leoli yn hwylus rhwng Abertawe a Llanelli, ac nid nepell o draffordd yr M4. Roedd wedi ei godi ar safle deniadol a oedd yn edrych dros y foryd at Pen-clawdd, a'r môr a gogledd Penrhyn Gŵyr. Gyda thri mis i fynd cyn y darllediad cyntaf doedd yr adeiladwyr, y technolegwyr na'r trydanwyr wedi gorffen cael yr adeilad yn barod.

Yn y cyfamser, roedd swyddfa Sain Abertawe mewn ystafelloedd gwag uwchben siop sgidiau Leonards yn y Stryd Fawr yn Abertawe. Roedd y siop yn enwog oherwydd ei chysylltiad â'r darlledwr a'r bardd a ddisgrifiodd Abertawe fel tref brydferth o hyll, sef Dylan Thomas.

Swyddfa'r siop sgidie

Roedd Eleanor Edwards yn rhan o dîm cynnar Sain Abertawe ac yn gynorthwyydd personol i Reolwr-gyfarwyddwr cyntaf yr orsaf, Charles Braham, am 21 o flynyddoedd ...

Sain Abertawe oedd yr orsaf fasnachol gyntaf i gael trwydded yng Nghymru a'r arian i gyd yn dod o'r ardal. Gweledigaeth yr orsaf oedd cynnig gwasanaeth lleol iawn i'r ardal.

Fi oedd yr aelod cyntaf o staff i ymuno â Sain Abertawe saith mis cyn i'r orsaf fynd ar yr awyr ac wrth i'r orsaf newydd gael ei chodi yn Nhre-gŵyr. Ro'n i'n gweithio i ddechrau uwchben siop sgidie yn Abertawe, ac yn ystod yr wythnosau cynta, fuon ni'n defnyddio gwesty'r Dragon ar gyfer cyfarfodydd ac roedd y fenyw ar y ddesg yn cymryd negeseuon ffôn ar ein cyfer. Bydden ni'n mynd i gaffi'r Kardomah wedyn cyn i fi fynd â'r gwaith adre i'r Mwmbwls.

Symudon ni i swyddfa yn High Street cyn gynted ag oedd llinell ffôn. Ar y pryd, roedd tri ohonon ni – Rheolwr-gyfarwyddwr, Cyfarwyddwr Masnachol a finnau. Roedd darllediadau test eisoes yn mynd mas a phobol yn dechrau clywed am y cynlluniau cyffrous ar gyfer gorsaf radio newydd.

Roedd ceisiadau am swyddi yn cyrraedd bob dydd, ac yn y pen draw, roedd y cyflwynwyr fwy neu lai i gyd yn lleol ac wedi cael profiad ar radio ysbyty. Daeth y rhan fwyaf o'r newyddiadurwyr o'r papur lleol, *Evening Post*, yn cynnwys pobol brofiadol David Thomas, David Williams a Gilbert John.

Ffigyrau gwrando 'rhyfeddol'

Aeth yr orsaf ar yr awyr ar ddiwrnod olaf mis Medi 1974, gan ddenu cynulleidfa enfawr o'r diwrnod cyntaf. Roedd yn cynnig popeth, ni oedd yr orsaf gynta mewn stereo i ddarlledu newyddion bob ugain munud, *20/20 News*. Roedd rhywbeth i bawb yn y rhaglenni, yn cynnwys y top 40 o ganeuon, cerddoriaeth Gymraeg, canu clasurol, canu gwlad a chanu gwerin, celfyddydau a rhaglenni plant a mwy ... roedd hyd yn oed Swansea Sound Sinfonia ar gael.

Yn ôl un arolwg, roedd 64% o'r bobol wedi troi at Sain Abertawe – oedd yn ffigwr rhyfeddol ar y pryd.

Wrth i wasanaethau eraill gystadlu am wrandawyr, roedd yn rhaid addasu a datblygu trwy'r amser er mwyn cadw'r bobol oedd yn gwrando ac i ddenu cynulleidfa newydd. Doedd hi ddim yn bosib i'r orsaf sefyll yn ei hunfan.

Ar ben-blwydd Sain Abertawe yn

Eleanor Edwards gyda John Powell, dyn y tywydd tan iddo ymddeol yn 2009

1995 cafodd y Wave ei sefydlu ar FM, gyda Swansea Sound yn parhau ar Medium Wave. Roedd yn fformat llwyddiannus iawn gan fod y Wave yn canolbwyntio ar ddenu pobol ifanc, a Sain Abertawe yn cadw cynulleidfa deyrngar ac, wrth gwrs, y Cymry Cymraeg.

Mae'n siom fawr iawn i lawer o bobol bod yr enw Swansea Sound/Sain Abertawe wedi dod i ben. Rwy'n teimlo'n lwcus 'mod i wedi gweithio i'r orsaf drwy'r dyddiau da, ac mae atgofion hyfryd o yrfa arbennig iawn. Fe weithiais a dod yn ffrindiau oes gyda llawer, ac roedd yn brofiad na fyddaf byth yn ei anghofio. Yn ôl geiriau un gwrandäwr, 'Am dros 30 mlynedd dyna oedd fy mywyd i.'

> 'Rwy'n teimlo'n lwcus 'mod i wedi gweithio i'r orsaf drwy'r dyddiau da ...'

Adeiladu'r stiwdio newydd, gyda chaniatâd Bauer Media

Stiwdio Heol Fictoria, Tre-gŵyr

SŴN NEWYDD I ABERTAWE

Cafodd gwrandawyr adio yn ardaloedd bertawe, Llanelli, stell Nedd ac Aberin, gyfle i wrando ar arllediadau stereonig yr wythnos dihaf — a hynny am o cyntaf erioed. dechreuodd isea Sound, gorradio fasnachol gyntaf Cymru, ei darllediadau arbrofol am 6.00 o'r gloch bore dydd Mawrth — byddant yn cario ymlaen bob dydd, o chwech y bore hyd hanner nos, gan eithrio'r Sul pryd y bydd o wyth y bore hyd at wyth y nos, ar 257m ar y donfedd ganol a 95.1 Stereo VHF.

Bydd yr orsaf yn agor ar y degfed ar hugain o Fedi ac yn y cyfamser mae'r staff wrthi'n ymarfer eu rhaglenni.

Dywedodd Mr Charles Braham, y Rheolwr Cyfarwyddol: "Rydym wedi ein calonogi'n fawr o glywed ansawdd a nerth ein trosglwyddiad, yn enwedig gyda'r derbyniad stereoffonig. Mae'n cyrraedd llawer ymhellach nag yr oeddem wedi rhagweld — hyd yn oed i ardaloedd sydd fel arfer yn cael trafferth clywed VHF".

Y Cymro 1974

Wrth ddisgrifio dychwelyd i Abertawe yn ei stori fer 'Return Journey', mae Dylan Thomas yn sôn am gerdded lawr y Stryd Fawr a'r diffeithwch a adawyd gan y Luftwaffe yn ystod yr Ail Ryfel Byd.

Heb na swyddfa na desg na chadair, a gorfod rhannu'r un ffôn â'r lleill a oedd yn gweithio yno, y cwestiwn cyntaf i ddod i fy meddwl oedd, 'Beth gythraul wyt ti wedi ei wneud?' Cwestiwn oedd i'w ofyn eto.

Roedd pump o bobol eraill yn rhannu'r adeilad uwchben y siop sgidiau, sef – Charles Braham; ei ysgrifenyddes Eleanor Edwards, a oedd yn arfer gweithio yn swyddfa'r *Dydd* yn HTV; y Pennaeth Newyddion, Trevor Curtiss; y Pennaeth Gwerthiant a Hysbysebion, Jeff Moffatt; y Pennaeth Rhaglenni, Colin Mason, a Glynog Davies. A'r penderfyniad cyntaf yr oedd yn rhaid i mi ei wneud oedd ystyried dyfodol Glynog, un o fechgyn Brynaman, pentref yn llawn bwrlwm a diwylliant, fel y gwelir weithiau yng Nghymru, oedd wedi gadael ei farc ar Glynog. Oherwydd ei brofiad o berfformio gydag aelwydydd yr Urdd ac ym myd darlledu, ac yn arbennig oherwydd safon ei Gymraeg a'i ddefnydd o iaith ac ymadroddion ei ardal, nid oedd amheuaeth ynghylch addasrwydd penderfyniad John Bevan i gyflogi Glynog. Y fo fyddai prif gyflwynydd Cymraeg Sain Abertawe.

Roedd yr IBA yn llym gyda'i reolau, a da o beth oedd hynny. Felly, roedd y cynnwys Cymraeg ar yr orsaf yn ddiogel. Addawodd Sain Abertawe i'r IBA na fyddai'n gwasgu'r gwasanaeth Cymraeg i un rhaglen y dydd ond, yn hytrach, integreiddio'r iaith ymysg y rhaglenni Saesneg; byddai hyn yn adlewyrchu'r ffordd y byddai'r iaith yn cael ei chlywed mewn llefydd fel marchnad Abertawe neu Barc y Strade.

Nid oeddwn yn sicr fod pawb yn y cwmni yn hapus i orfod rhoi lle i'r Gymraeg; roedd rhai yn gweld hynny fel tipyn o niwsans. Fy nhasg i, felly, oedd sicrhau safon uchel ac amrywiol y rhaglenni Cymraeg a fyddai'n denu nifer dda o wrandawyr, ac a fyddai hefyd yn apelio at wrandawyr di-Gymraeg. Enghraifft o hyn oedd y rhaglen wythnosol *Byd yr Opera*, rhaglen y byddai'r byd a'i frawd yn deall cyflwyniad fel: 'Ac yn awr, Luciano Pavarotti yn cymryd rhan Rodolfo, ac yn canu 'Mae dy law fach yn oer fel rhew', 'Che gelida manina', wrth gwrdd â Mimi, ar ddiwedd act gyntaf *La Bohème* gan y cyfansoddwr Giacomo Puccini.'

Enghraifft arall oedd y gyfres o raglenni *Cornel yr C Arian*, a oedd yn cyfeirio at yr arfer gan ddysgwyr o wisgo bathodyn yn dangos y llythyren 'C' mewn lliw arian yn y cyfnod hwnnw. Roedd y rhaglenni yn cynnwys elfen ddwyieithog arbennig ar gyfer dysgwyr Cymraeg. A darlledwyd gwersi Cymraeg byrion yng nghanol rhaglenni Saesneg dyddiol. Cyflwynid y rhain gan Mati Rees oedd yn gyfarwydd â dysgu'r Gymraeg i eraill ar ôl iddi gyflwyno cyfres o wersi Cymraeg byrion noseithiol, *Croeso Christine*, ar TWW, rhagflaenydd HTV. Daeth yn boblogaidd gyda nifer o bobol a byddech yn ei chlywed hi'n cael ei dynwared gyda'i 'helô' hwyliog wrth iddi agor pob gwers.

Un arall o gyd-gyflwynwyr TWW a rhaglen *Y Dydd* oedd gŵr o Gastell-nedd, Rod Rees. Nid oedd fawr o bwrpas rhoi wyau o dan Rod

Hysbyseb Swansea Sound: Bauer Media

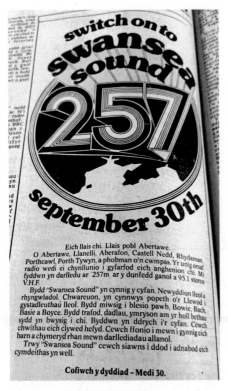

Eich llais chi. Llais pobl Abertawe.
O Abertawe, Llanelli, Aberafon, Castell Nedd, Rhydaman, Porthcawl, Porth Tywyn, a phobman o'n cwmpas. Yr unig orsaf radio wedi ei chynllunio i gyfarfod eich anghenion chi. Mi fyddwn yn darlledu ar 257m ar y donfedd ganol a 95.1 stereo V.H.F.
Bydd "Swansea Sound" yn cynnig y cyfan. Newyddion lleol a rhyngwladol. Chwaraeon, yn cynnwys popeth o'r Llewod i gystadleuthau lleol. Bydd miwsig i blesio pawb, Bowie, Bach, Basie a Boyce. Bydd trafod, dadlau, ymryson am yr holl bethau sydd yn bwysig i chi. Byddwn yn ddrych i'r cyfan. Cewch chwithau eich clywed hefyd. Cewch ffonio i mewn i gynnig eich barn a chymeryd rhan mewn darllediadau allanol.
Trwy "Swansea Sound" cewch siawns i ddod i adnabod eich cymdeithas yn well.

Cofiwch y dyddiad - Medi 30.

Y Cymro 1974

oherwydd ei arfer o neidio o un swydd i'r llall. Wedi gadael TWW aeth i weithio fel swyddog gwasg i gwmni olew o Aberafan, ac yna i'r Cwmni Opera Cymreig. Gan ei fod yn gyfarwydd â dulliau darlledu ac yn berchen ar lais godidog ar gyfer radio, derbyniodd fy ngwahoddiad i ymuno â'r tîm agoriadol. Rod oedd yr un i gyflwyno'r newyddion, casglu straeon a'r cyntaf i gyflwyno *Byd yr Opera*.

B-Day

Roedd y dydd cyntaf o ddarlledu yn agosáu. Roedd cadeirydd y bwrdd, John Allison, cynghorydd yn Abertawe a pherchennog siopau cerddoriaeth, wedi penderfynu cyfeirio at y dydd cyntaf o ddarlledu fel B-Day. Y bwriad oedd cyfeirio at 'broadcast day' nid y 'bidet' a oedd i'w weld mewn ambell dŷ bach. Wedi dweud hynny, byddai angen 'bidet' ar ambell gyflwynydd a oedd yn wynebu ei brofiad cyntaf o ddarlledu'n fyw. Ynghyd â'r cyflwynwyr rhaglenni cerddoriaeth, bu'n rhaid dewis tîm o newyddiadurwyr profiadol. Un peth a gyfrannodd yn fawr tuag at sicrhau cynulleidfa eang i'r orsaf oedd rhoi blaenoriaeth i wasanaeth newyddion cynhwysfawr, un o benderfyniadau pwysicaf Bwrdd Sain Abertawe. Roedd IRN yn cynnig eitemau Prydeinig a thramor, ac roedd ein tîm o newyddiadurwyr yn gyfrifol am gasglu newyddion o Gymru, ac yn bwysicaf oll, newyddion o ddalgylch yr orsaf. Cyfrifoldeb Trevor Curtiss oedd newyddion a materion cyfoes. Er nad oedd ganddo brofiad darlledu, roedd wedi dysgu ei grefft gyda phapur nosweithiol yr ardal, *The South Wales Evening Post*. Er mawr siom i olygydd y papur, llwyddodd i ddod â thri o newyddiadurwyr mwyaf disglair y papur gydag o i ystafell newyddion Sain Abertawe. Yn ystod y boreau roeddem am ddarlledu'r hyn a alwem yn *20/20 News*, sef bwletin ar yr awr, ac yna'r penawdau bob ugain munud, ac roedd rhaid i un o'r rhain fod yn y Gymraeg. Gan y byddai'r penawdau Cymraeg cyntaf yn cael eu darlledu am 6.20, roedd gen i broblem. Ni allwn ofyn i gyflwynwyr a oedd yn darlledu yn ystod y dydd a than naw o'r gloch yn yr hwyr i ddarllen y penawdau, felly roedd angen recriwtio pobol a allai helpu. Daeth fy magwraeth gapelyddol i'm hachub. Pwy fyddai'n rhydd yn ystod yr oriau angenrheidiol, gyda Chymraeg safonol ond dealladwy i gynulleidfa leol, ac a fyddai hefyd yn croesawu'r arian ychwanegol i'w cyflog? Gweinidogion eglwysi lleol. Wedi peth ymchwil daeth dau enw i'r amlwg: Alan Pickard, gweinidog gyda'r Annibynwyr yn Llangennech, a Lloyd Walters, yr anwylaf o ddynion a oedd yn weinidog gyda'r Bedyddwyr yn Nhreforys. Gweithiodd y syniad yn ardderchog, mor dda, yn wir, nes imi lwyddo i amddifadu'r enwadau o ddau o'u hoelion wyth – ymhen ychydig amser sicrhaodd y ddau benodiad gyda'r BBC yng Nghaerdydd. Un o Fethesda oedd Alan Pickard, fel finnau, a daeth yn rhan bwysig o Adran Newyddion Radio Cymru. Yn anffodus bu farw Lloyd Walters yn ddyn ifanc

iawn.

Derbyniais fwy o gyfrifoldebau ac yn ogystal â gofalu am y rhaglenni Cymraeg, roedd awr o raglenni cerddoriaeth arbenigol bob nos; rhaglenni yn trafod cerddoriaeth glasurol, jazz, gwerin, canu gwlad, a rhaglen am gerddoriaeth organ electronig. Roedd angen dewis cyflwynwyr a oedd yn gyfarwydd â'r meysydd cerddorol yma. Un o'r rhain oedd y person mwyaf brwdfrydig am fyd jazz i mi ei adnabod erioed, sef Wyn Lodwick o Lanelli. Roedd Wyn a'i fand am fod yn rhan bwysig o'm hanes wedi i mi ddychwelyd i HTV a phan oedd S4C ar fin cychwyn.

Y peth arall yr oeddwn yn gyfrifol amdano oedd rhaglenni crefyddol. Ar gychwyn Sain Abertawe roedd neges grefyddol i agor a chau'r oriau darlledu bob dydd, rhaglen materion cyfoes drwy lygaid crefyddol, rhaglen o geisiadau am ganeuon crefyddol bob bore Sul, a gwasanaeth hanner awr bob nos Sul. Nid oedd mynychu ysgol Sul Capel Mawr yr Annibynwyr, Bethesda, wedi fy mharatoi ar gyfer bugeilio cynnwys rhaglenni crefyddol a fyddai'n dderbyniol i holl enwadau'r ardal.

Penderfynais wahodd pob enwad: Eglwys Anglicanaidd Cymru, yr Eglwys Babyddol, yr holl enwadau anghydffurfiol; ac i adlewyrchu effaith

Agoriad swyddogol – Charles Braham a Wynford Vaughan-Thomas
Llun: Bauer Media

SWANSEA SOUND LIMITED
THIS PLAQUE WAS UNVEILED
BY
WYNFORD VAUGHAN-THOMAS, ESQ. O.B.E.
ON 30th SEPTEMBER 1974
TO MARK THE OPENING OF
THE FIRST INDEPENDENT LOCAL
RADIO STATION IN WALES.

Dadorchuddiwyd y plac gan Wynford Vaughan-Thomas, 30 Medi, 1974.
Llun: Gari Melville

barhaol diwygiad Evan Roberts, a gychwynnwyd yng Nghasllwchwr, roedd yn rhaid cael aelod o'r eglwysi

efengylaidd ar y pwyllgor a fyddai'n cyfarfod yn fy swyddfa bob mis i benderfynu pwy fyddai'n cyflwyno'r gwahanol raglenni crefyddol, pa eglwys neu gapel a fyddai'n gyfrifol am y gwasanaethau Sul, a pha bynciau a oedd i'w trafod yn y rhaglenni materion cyfoes. Roedd fy ymdrechion i greu rhyw fath o grŵp eciwmenaidd yn eitha llwyddiannus, er bod ambell anghytundeb yn codi ei ben weithiau. Pan awgrymais y byddai'n ddiddorol cael cyfres yn trafod hanes rhai o eglwysi hanesyddol yr ardal, fel y Tabernacl yn Nhreforys, Moriah yng Nghasllwchwr, a'r nifer o eglwysi hynafol iawn ar Benrhyn Gŵyr, daeth problem. Cynigiodd cynrychiolydd yr efengylwyr yr hoffai gyflwyno a chynhyrchu'r gyfres, ond ar yr amod nad oedd yn cynnwys yr un eglwys Babyddol. Siom i mi oedd ceisio dygymod ag un Duw, un Tywysog Heddwch ac un Ysbryd Glân, ond yr eglwysi wedi eu hollti.

Gyda'r penderfyniad wedi ei wneud ynghylch pwy fyddai'r prif gyflwynwyr a newyddiadurwyr, fy mhrif dasg i oedd eu dysgu sut i ynganu'r Gymraeg yn gywir. Gydag enwau fel Cwmrhydyceirw, Cwmfelin-fach, neu Lanelli, yn frith yn yr ardal, roedd angen dangos parch at ein gwrandawyr, yn Gymry Cymraeg a di-Gymraeg, drwy feistroli llefaru enwau lleoedd yn gywir.

Roedd yn sialens, ond yn werth ei gwneud. Roedd cael pobol i sylweddoli bod acenion a ffordd o siarad pobol Llanelli a'r cyffiniau, Cwm Gwendraeth, Cwm Tawe, Treforys, Pen-clawdd, Casllwchwr, Glyn-nedd, ac yn y blaen, yn acenion cwbl naturiol, hyfryd a gwerth eu clywed. Yn ogystal, fe allen nhw ddilyn rheolau gramadegol, gan adlewyrchu diwylliant ardaloedd y diwydiannau trwm, fel y diwydiant glo, a haearn a dur, yn yr ardal.

Oherwydd llwyddiant cymharol ein polisi o integreiddio'r Gymraeg a'r Saesneg, cawsom ein tynnu i mewn i'r drafodaeth ynghylch sefydlu un sianel, y ddarpar bedwaredd sianel, ar gyfer pob rhaglen deledu Gymraeg. Un o'r rhai amlwg a oedd yn gwrthwynebu sefydlu'r hyn a welai fel sianel geto ar gyfer y Gymraeg, sianel na fyddai'n adlewyrchu'r ffordd yr oedd yr iaith yn cael ei chlywed ac yn effeithio ar bob agwedd ar fywyd Cymru, oedd yr Athro Jac L. Williams o Brifysgol Aberystwyth. Byddai'n galw yn ein stiwdio, neu yn fy ngwahodd i'r brifysgol, i ddisgrifio sut yr oeddwn yn gweithredu polisi iaith Sain Abertawe.

'Bore da!'

'Bore da!' oedd y geiriau cyntaf i'w darlledu ar ddiwrnod agoriadol gwasanaeth radio lleol, Sain Abertawe, am 6 o'r gloch y bore, ddydd Llun, 30 Medi, 1974. Fe'i llefarwyd ar ddechrau cyfarchiad byr gan Charles Braham i groesawu'r gwrandawyr.

Ychydig cyn hanner dydd derbyniais neges nad oedd y peirianwyr ffôn wedi llwyddo i gysylltu'r stiwdio gyda'r rhwydwaith ffôn ac roeddwn yn wynebu rhaglen drafod dros y ffôn, ond heb ffôn. Er fy mod wedi arfer siarad yn gyhoeddus ers fy nyddiau yn y sedd fawr yn adrodd adnod fore Sul, nid oedd gennyf yr awydd i barablu am awr ar fy mhen fy hun. Er mwyn trefnu pobol i mi eu holi ar fyr rybudd, bu'n rhaid imi droi at babell y gwesteion. Daeth dau i lenwi'r bwlch. Un oedd y diweddar gerddor a thrwbadŵr a anwyd yn Abertawe ac a sefydlodd y grŵp Ray Davies and the Button Down Brass. Bu'n un o'r rhai a gyfansoddai'r hyn a elwid yn 'jingles', y darnau byr o gerddoriaeth a fyddai'n enwi'r cyflwynwyr, yr orsaf, a'r rhaglenni, ac yn creu naws â blas o sŵn yr orsaf. Yr ail i ymuno â fi a Ray Davies yn y stiwdio oedd Max Boyce. Wedi cychwyn ei yrfa fel diddanwr trwy ganu mewn clybiau canu gwerin, rhoddodd y gorau i weithio ym myd y diwydiant glo a metel a throi'n broffesiynol yn sgil llwyddiant ei record hir gyntaf, *Live at Treorchy*. Mae'n debyg fod gan Ray Davies enw am fod yn wyllt ei dymer, ond llwyddais i beidio â thynnu blewyn o'i drwyn, a diolch iddo fo a Max, aeth yr awr heibio'n ddidrafferth. Ar ôl llwyddo i gysylltu'r gwifrau, cychwynnodd y rhaglen i drafod go iawn gyda'r gwrandawyr ar y diwrnod canlynol. Aeth Max ymlaen i berfformio ar draws y byd, ond roedd bob tro'n barod i roi ei amser i Sain Abertawe.

Wedi imi orffen y rhaglen roedd yn amser i mi droi at ddarlledwr mwy cyfarwydd â chyfrwng y radio, sef gohebydd y BBC, Ceri Garnon, oedd am i mi esbonio beth roedd dyn o Fethesda yn ei wneud yn arwain rhaglenni Cymraeg ar gyfer gwrandawyr o orllewin Cymru? Fy ymateb oedd nad oeddwn am gyflwyno fawr ddim yn Gymraeg nes y byddwn yn gallu llefaru mewn dull y byddai gwrandawyr Sain Abertawe yn ei ddeall. Yn y cyfamser, fy mhwyslais i oedd defnyddio fy mhrofiad darlledu drwy fentro arbrofi â dulliau radio newydd a ffres, ac i sicrhau bod y cyflwynwyr di-Gymraeg yn ynganu'r Gymraeg yn gywir ac yn dangos dyledus barch at ddiwylliant, traddodiad a hanes Cymru yn yr ardal yma'n arbennig. Aeth popeth yn iawn weddill y dydd gyda'r rhaglenni Cymraeg a'r brif raglen, *Amrywiaeth*, a oedd yn gymysgedd o recordiau amrywiol Cymraeg, sgyrsiau gyda phobol leol, cystadlaethau, cyfle i'r gwrandawyr brynu a gwerthu ymysg ei gilydd, a rhestrau o ddigwyddiadau lleol. Roedd Glynog Davies o Frynaman yn gyflwynydd penigamp.

Llywiai'r rhaglen yn hwyliog yn iaith ac yn acen hyfryd Cwm Aman. Roedd hefyd yn athro da ac amyneddgar wrth fy nghynghori i ddefnyddio iaith ddealladwy i'n gwrandawyr ni. 'Nawr' oedd 'rŵan', nid 'mynd i fyny'r allt' ond 'mynd lan y rhiw'. Rhywbeth main a thenau oedd 'fel latchen geit', nid 'fel weiran gaws'. Un o wendidau Glynog oedd ei fod yn un blêr gan nad oedd yn 'twtio' ei ddesg, neu 'ddim yn cymoni ar ei ôl'. O dipyn i beth dysgais 'wilia Cymraeg' a darganfod nad geiriau anweddus oedd 'randibŵ' na 'bwlffycan' a oedd yn gyfarwydd yng Nghwm Tawe.

Roedd darllen gweithiau'r Prifardd Dafydd Rowlands a'r bardd Abiah Roderick yn gymorth i ddod yn gyfarwydd ag iaith Cwm Tawe. Roeddwn wedi dod mor gyfarwydd â defnyddio acen a geiriau de a gorllewin Cymru, pan dderbyniais wahoddiad i draddodi araith mewn cyngerdd Gŵyl Ddewi yn fy nhref enedigol, Bethesda, y rhybudd a gefais gan fy nhad oedd, 'A chofia, paid â llithro i iaith y Sowth 'na!'

'Ro'n i yno!'

Roedd Max Boyce newydd gyhoeddi ei record hir gyntaf, *Live at Treorchy*, pan gafodd ei wahodd i ddiwrnod agoriadol stiwdio newydd sbon Sain Abertawe yn Nhre-gŵyr ...

Fi'n cofio rhywun yn ffonio fi lan ar y dechrau i gael cyfweliad gyda Wyn Thomas, Pennaeth Rhaglenni Cymraeg Sain Abertawe. A'r syniad oedd i gael rhywun i ffonio mewn gyda chwestiynau o'r ardal i gyd. Ond torrodd y system ffôn i lawr a doedd neb yn gallu ffonio mewn nac yn gallu ffonio mas!

Ac oedd Wyn, druan bach, yn gorfod siarad â fi am dair awr! Fi'n credu bod e wedi gofyn yr un cwestiwn ddwywaith!

Yn 1973 gwnes i record hir *Live at Treorchy*, ac yn 1975 ro'n i'n paratoi i wneud *We All Had Doctor's Papers* yng Nghlwb Rygbi Pontarddulais – y ddwy record fwyaf llwyddiannus o'n i erioed wedi gwneud. Roedd Sain Abertawe yn chwarae rhai o'r caneuon o'n i wedi'u hsgrifennu ar y pryd. Roedd rhoi *air time* yn bwysig iawn i artistiaid lleol ac roedd Sain Abertawe yn cyhoeddi ble o'n i'n canu, a gas e lot o ddylanwad o ran hynny.

A'r pwysigrwydd oedd eu bod nhw'n canolbwyntio ar y topics lleol ac artistiaid lleol. Roedd lot o ddiddordeb achos roedd wastad pobol yn edrych ar yr un cynta – a Sain Abertawe oedd yr un cynta.

O'n i'n gwrando, ond y peth yw, i fod yn onest, doedd y signal ddim yn rhy dda yng Nglyn-nedd!

Ond dyna beth fi'n cofio yw siarad â Wyn ar y diwrnod cynta! Fi ddim yn gwybod am beth o'n i'n siarad, lot o ddwli jest i lenwi amser, ond roedd yn lot o sbort ...

Ond ar y dydd, doedd neb yn gallu ateb y cwestiynau achos doedd neb yn gallu ffonio mewn ... *I was there ... but they weren't*!!!

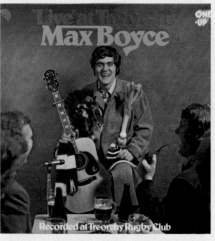

'Live' at Treorchy,
EMI Records Ltd, 1974

Cymraeg y Cwarter Bach

Glynog Davies

Glynog Davies

Glynog Davies oedd cyflwynydd cyntaf rhaglenni Cymraeg Sain Abertawe ac roedd defnyddio ei dafodiaith yn hollbwysig. Mae bellach wedi ymddeol o'i swydd gyda chwmni Tinopolis ac yn cynrychioli ei ardal enedigol, y Cwarter Bach, Brynaman, ar gyngor Sir Gâr ...

Ydw, rwy'n difaru nawr nad 'wy'n ddyn cadw dyddiadur. Mae hanner can mlynedd wedi hedfan a braf yw dishgwl 'nôl. Wir i chi, er yn amser hir mae'n ymddangos fel ddo'. Hanner canrif ers dechre fy ngyrfa yn y byd darlledu. Bydd 30 Medi 1974 ar gof a chadw am byth.

Derbynies radd dda yn y Gwyddore o Brifysgol Caerdydd ac yna dilyn cwrs Diploma Mewn Addysg yn Abertawe. Roedd Mam a 'Nhad yn dishgwl mla'n at fy nghlywed yn gweud 'mod i wedi llwyddo i gael swydd dysgu Bywydeg – a hynny yn rhywle'n lleol. Ond na, fe es ar lwybr cwbl wahanol, gan dderbyn swydd nad o'n i wedi cynnig amdani.

Ges i wahoddiad i fynd am gyfweliad 'anffurfiol' gan ŵr o'r enw John Bevan. Yr enw'n gyfarwydd oherwydd ei waith gyda'r BBC, ond cofiwch, ro'dd cael cais i fynd i'w gyfarfod yn dipyn o sioc. Fe ar y pryd o'dd Rheolwr-gyfarwyddwr gorsaf radio leol fasnachol newydd o'dd i ddechre darlledu yn Abertawe.

Fues i erio'd i gyfarfod mor anffurfiol. John a finne'n ishte ar focsys mewn stafell storio uwchben siop sgidie ar Stryd Fawr Abertawe. Sgwrs hyfryd ac hamddenol am dipyn o bopeth, 'nenwedig fy magwraeth ym mhentre Brynaman, hen bentre diwylliannol, pentre â thipyn o hanes cyfoethog.

I ni'r trigolion yr adeg honno, os o'dd siarad am fynd i'r dre, wel, Abertawe fydde pen y daith. Pan glywes i am fwriad yr orsaf newydd ro'dd cael swydd yno'n apelio'n fawr. Y cynllun o'dd creu rhaglen i'r bobol.

Wedi'r cyfweliad aeth wythnose heibio – dim un gair. Dyna fe, ro'dd rhaid dal ati i gynnig am swyddi addysgu. A bues i'n lwcus, clywes fy mod ar y rhestr fer am swydd dda mewn ysgol gyfun chwe milltir lawr yr hewl. Beth well? Ond ro'n i'n dal i feddwl am ddarlledu. Ro'dd yr had wedi eu plannu.

Weithie rhaid bod yn ddigon hy a gofyn. Noswyl cyn y cyfweliad i fod yn athro, ffonies i John Bevan a gofyn yn blwmp ac yn blaen am ateb, ie neu na. Mae'r canlyniad yn hysbys. Ges i gynnig fy swydd gynta, a hynny gyda chwmni nad o'dd neb yn gwbod fawr ddim amdano. Y dyddiad i ddechre gweithio oedd 1 Gorffennaf. Swansea Sound amdani (doedd dim sôn am enw Cymraeg bryd hynny).

Cofiaf yn awr y foment y dwedes fy mwriad wrth fy rhieni. Do'dd 'nhad ddim yn bles! 'A ninne wedi aberthu i ti fynd i'r brifysgol, ma' isie jobyn iawn arnot ti!' Yn gro's i'r gra'n fe dderbyniwyd fy mhenderfyniad.

Torri tir newydd yn y Gymraeg

Rhaid cyfadde 'mod i'n llawn cyffro am ddechre gweithio – menter newydd a fydde o fudd cymunedol enfawr i ardal Abertawe, trefi Llanelli a Chastell-nedd, a chymoedd Tawe, Aman a'r Gwendraeth. Ro'dd y Gymraeg yn dal yn gryf yn y cymoedd. Dyma o'dd iaith y stryd yn y mwyafrif o'r pentrefi. Y sôn oedd bod 20% o'r holl siaradwyr Cymraeg yn byw oddi fewn i radiws o 20 milltir o Abertawe!

Wyn Thomas a Glynog Davies – dau aelod cynta'r Adran Gymraeg
Llun: Bauer Media

Ond do'dd y siwrne ddim yn fêl i gyd. Fore Sadwrn 29 Mehefin, y Sadwrn cyn fy niwrnod cynta, stori fawr y *Western Mail* o'dd fod John Bevan wedi gadel ei swydd yn dilyn anghytuno gyda'r bwrdd dros shwd i gynnwys y Gymraeg ar draws y sianel. Ychydig hwnt ac yma, neu un bloc. Fe golles gwsg, ond do'dd dim amdani ond mynd i'r gwaith y bore Llun canlynol. Ie, i'r un swyddfa uwchben yr un siop sgidie.

Cyrraedd braidd yn nerfus ac yn betrusgar. Pwy fydde yno? Wel, tri gŵr, yr unig dri ar y staff. Y cynta i dorri gair oedd Charles Braham, aelod o'r bwrdd, ac a wna'th, ymhen dyddie, olynu John Bevan fel Rheolwr-gyfarwyddwr. O'r eiliad gynta honno fe'i cefes yn ŵr bonheddig, cwrtes a chroesawgar. Ni fu'r un gair croes rhyngon ni.

Fe gadarnhaodd y bydde'r cwmni'n anrhydeddu'r cynnig a wnaed gan John Bevan, er, medde Charles, 'Dwi ddim yn siŵr beth y'ch chi fod i'w wneud!'

Y ddau arall oedd Colin Mason, y Pennaeth Rhaglenni, a Trevor Curtiss, cyn-newyddiadurwr ar bapur lleol yr *Evening Post*, ac a benodwyd ymhen dim i fod yn Bennaeth Newyddion.

Tyfodd y tîm yn gyflym. Llwyddodd Trevor i ddenu tri arall o ohebwyr yr *Evening Post* i ymuno â'i dîm – David Williams, Gilbert John a David Thomas. Ymhen blynyddoedd fe a'th y ddau gynta i'r BBC yng Nghaerdydd a'r trydydd i fyd awdurdodau lleol. Fe ddes yn ffrindie mawr â'r newyddiadurwyr profiadol yma, bois a wna'th, ymhen dim o amser, roi eu stamp eu hunain ar wasanaeth newyddion yr orsaf.

Fy mhrif swydd o'dd cyflwyno dwy awr o Gymraeg bob nos – un bloc Cymraeg rhwng saith a naw o'r gloch, gan ddechre gyda bwletin o newyddion y dydd. Yn ogystal, ro'dd bwletine newyddion byrion bob awr drwy'r dydd.

Ro'dd rhaid dechre paratoi, er mai fi, am wythnose, oedd yr unig siaradwr Cymraeg ar y staff a ches i fy nghynnwys yn yr holl drefniade a'r cynllunio. Ro'n i'n ddibrofiad, ac ro'dd y chwilio'n parhau am Bennaeth Rhaglenni Cymraeg – er mai fi oedd i gyflwyno'r holl raglenni o nos Lun i nos Wener.

O'r diwedd fe ges i gwmni. Penodwyd gŵr o'r enw Wyn Thomas a oedd yn gweithio i HTV Cymru. Gofynnwyd i fi amdano, ond yn gorfod cyfadde nad oedd yr enw'n gyfarwydd. O'r diwrnod cynta iddo gyrraedd, fe wnaeth y ddau ohonon ni gydweithio'n hwylus, a daethon ni'n ffrindie da. Yn dawel fach ro'dd Wyn yn poeni gan mai gogleddwr o'dd e. Gog o Fethesda ar radio lleol yn ne Cymru. Dyna pam – am rai blynyddoedd – mai darlledu'n Saesneg yn unig wnaeth Wyn, gan adael y Gymraeg i finne ac ambell un

Hysbyseb Swansea Sound:
Bauer Media

"

'Dyna anrhydedd, cael mynediad i gartrefi Cymraeg yr ardal am ddwy awr bob nos ... ro'dd tir newydd yn cael ei dorri.'

o'dd yn dod i gyflwyno ar y penwythnos.

Ymhlith y cynharaf o'r rhain o'dd Richard Rees. Fe gafodd e ddechre da fel finne.

Wedi hir aros fe gyrhaeddodd y diwrnod mawr, 30 Medi 1974, gyda'r agoriad swyddogol yn nwylo Wynford Vaughan-Thomas. Finne yno'n gynnar ond yn gorfod aros drwy'r dydd cyn i'r rhaglen Gymraeg gynta fwrw'r tonfeddi. *Amrywiaeth*, nid fy newis i, ond gan mai dyma'r gair Cymraeg am 'miscellany', dyna ddewisodd Colin Mason. Ro'dd hyn wedi cael ei benderfynu cyn i Wyn gyrraedd.

Dyna anrhydedd, cael mynediad i gartrefi Cymraeg yr ardal am ddwy awr bob nos, ac ro'dd hyn ddwy flynedd a hanner cyn i Radio Cymru gael ei sefydlu. Sdim dwywaith – ro'dd tir newydd yn cael ei dorri.

Ro'dd Wyn a finne wedi llunio myrdd o siartie *pie* ac rwy'n dal i weld y cylchoedd gyda'r rhaniade o wahanol liwie i nodi cerddoriaeth, sgyrsie, ceisiade, a digwyddiade. Ro'dd tair slot o hysbysebion yn rheidrwydd gan gofio mai dyma oedd y radio fasnachol gynta yng Nghymru.

Bu'r paratoi manwl yn werthfawr. Nid yn unig o safbwynt y cynnwys ond i gyfarwyddo gyda'r dechnoleg a dysgu shwd i fod yn gyflwynydd *self-op*. Y cyngor gore o'dd i anghofio am gymhlethdod y ddesg ddarlledu enfawr gyda'r goleuade'n fflachio ym mhobman, a derbyn mai'r pethe pwysig oedd shwd i agor a chau'r meicroffon, rheoli lefel y sain, chwarae'r disgie ac ambell dâp – heb anghofio'r hysbysebion. Y cyfan yn nwylo un cyflwynydd. Neb wrth law i helpu!

Fe a'th y noson gynta'n esmwyth, a finne wedi cael siarad â'r bobol yn fy nhafodiaith. Iaith Brynaman ar ei gore, gobeithio. Siarad y Gymraeg o'dd yn esmwyth ar glustie'r gwrandawyr. Yn ôl yr ymateb ro'dd pawb yn ddigon bodlon gyda'r gwasanaeth newydd. Cofiwch, ro'dd sawl un o'dd yn yr agoriad wedi recordio eu cyfraniade a'u dymuniade am lwyddiant.

Yn ystod yr wythnosau cynta ro'dd yn bwysig i'r gwrandawyr wybod union leoliad yr orsaf. Ro'dd croeso i bawb alw heibio gyda'u negeseuon neu geisiade. Felly dywedes yn aml, 'Wrth deithio o Dre-gŵyr i Orseinon ar hyd Hewl Fictoria, ry'n ni'n fanna ar y comin ar y chwith.'

Serch hynny, fe dderbynies lythyr oddi wrth yr Athro Stephen J. Morgan o Adran y Gymraeg ym Mhrifysgol

Abertawe. Llythyr hynod garedig ond yn esbonio nad o'dd rhaid treiglo Gorseinon wedi'r 'i'. Ffurf dreigledig yw Gorseinon, wedi newid gydag amser o 'Cors Einon'. Ro'n i'n dra diolchgar am y cywiriad a'r esboniad.

Croeso gan 'bobol garedig a thwymgalon'

Ro'dd fy niwrnode gwaith yn ddigon amrywiol gan fynd mas gyda'r dydd i recordio pytie. I wneud hyn bu'n rhaid meistroli'r 'Uher' – peiriant recordio gore'r cyfnod. Yn declyn trwm a lletchwith, ond eto'n ddyfais roedd pob darlledwr yn ei defnyddio. Cofiaf ryw fore i mi rhuthro ar frys o'r swyddfa. Mewn rhai munude, aros wrth oleuade traffig a'r gyrrwr yn y lôn nesa yn pwyntio uwch fy mhen. Beth o'dd e'n trio'i ddweud? Mas â fi a gweld bod yr Uher ar y to. Roedd ei bwyse, diolch byth, wedi ei gadw'n ddiogel yn ei le.

Ces groeso arbennig yn gweithio ar leoliad – y bobol yn garedig ac yn dwymgalon, ac yn barod i agor eu dryse. I fod yn deg, do'dd dim byd tebyg wedi digwydd yn yr ardal cyn hyn. Ond nage'r recordio o'dd diwedd y daith; ro'dd rhaid dysgu'r grefft o olygu'r tapie – byrhau a thwtio'r sgyrsie. Ro'dd ôl y pensil *chinagraph* gwyn yn gyson ar fy mysedd, cymaint y gwasgu i wneud y marcie torri'n glir.

Pan fydde amser yn caniatáu, ro'n i wrth fy modd yn torri mas yr 'yms' bondigrybwyll. Hefyd, mae'n syndod sawl gwaith mae ambell un yn gweud 'chi'n gwbod'. Felly dyma fynd ati i gael gwared arnyn nhw, i gael sgwrs a oedd yn llifo – a thâp arall o restr, o chi'n gwbod, chi'n gwbod, chi'n gwbod ... Sbri!

Ro'dd y rhai a holwyd yn ddigon nerfus, ac i fod yn deg, ro'dd yn brofiad newydd iddyn nhw. Rhaid sôn am gyfweliad gan un gŵr a ddaeth yn ddarlledwr profiadol mewn blynyddoedd. Bues i'n cyfweld y diweddar Ray Gravell, aelod blaenllaw o dîm rygbi Llanelli. Yn ifanc, ro'dd Ray yn ddihyder a wastod yn gofyn, 'O'dd e'n ddigon da?' 'Iawn,' medde fi. 'Ond alla i wneud e 'to?' fydde ymateb Ray. 'Na, popeth yn iawn.' 'Ti'n siŵr? Ma' digon o amser 'da fi.'

Ie'r unigryw, yr anghymharol a'r annwyl Ray Gravell. Ces y fraint o weithio gyda fe droeon dros y blynyddoedd, ond ei gyfarfod gynta pan o'n i'n gweithio i Sain Abertawe.

Os o'dd Ray yn ansicr, ro'dd Ryan Davies mor wahanol, a wastod yn barod ei gymwynas. Yn y blynyddoedd fues i'n Abertawe ro'dd Ryan yn un o sêr pantomeim blynyddol Theatr y Grand – *Mother Goose*, *Jack and the Beanstalk* a *Babes in the Wood*. Lawr â fi rhyw brynhawn i'w gartre ym Mro Gŵyr. Ryan yn ishte wrth y ford yn y gegin – 'Dere mla'n, ishte fan hyn,' o'dd y cyfarchiad. Holi'r perfformiwr – y boi a oedd yn llawn hiwmor ac yn glou i ymateb i bob sefyllfa. Ro'dd dwy gyllell yn digwydd bod ar y ford, ac yng nghanol y recordio, cydiodd ynddyn nhw a'u taro yn erbyn ei gilydd gan ddynwared dau yn ymladd â chleddyfe – golygfa yn y pantomeim!

Yn 1975 daeth Eisteddfod Genedlaethol yr Urdd i Dre'r Sosban. Gawson ni ganiatâd i recordio ar y maes a darlledu'r eitem ar yr un noson. Ro'dd hyn ymhell cyn yr orie o raglenni a geir heddi. Diolch am help dau weinidog lleol, y Parchedig Lloyd Williams a'r Parchedig Alan Pickard, a oedd yn ein helpu yn eu tro i gyflwyno bwletine newyddion. Nhw'u dau a finne – y tîm cyfan. Bobo Uher a bant â ni. Yna rhuthro 'nôl i'r stiwdio, pellter o ryw wyth milltir, a phawb yn chwysu chwartie yn golygu'n gyflym i gael trefn ar y rhaglen. Fe lwyddon ni i ddarlledu awr o'r maes bob nos. Cael a chael o'dd hi! Dyna o'dd profiad.

Llwyddwyd i gynhyrchu rhaglenni tebyg o Eisteddfod Genedlaethol Aberteifi yn 1976. Tipyn mwy o her gan fod y siwrne o'r maes i'r stiwdio dros hanner can milltir. Ond llwyddiant arall, ynghyd â strach enillydd y Gadair.

'Brenin y Sbwnj' a Megan 'Sgons'

Rhaid cynnwys f'ymweliade â rhai o bylle glo'r ardal. Y diwydiant glo o'dd achos twf ein pentrefi, ac fel ar y stryd, ro'dd yr iaith Gymraeg i'w chlywed yn y gweithie glo – Abernant, Cwmgwili a Chynheidre. Ro'dd mynd i Gwmgwili yn digwydd yn amlach na'r lleill, am fod cyfnither Mam yn gweithio yn y swyddfa gyfloge. Yn ogystal â pharatoi cyfloge ro'dd hi'n hala'i hamser yn casglu ceisiade ar gyfer fy rhaglen, a dweud wrth bawb, 'Fe wna i'n siŵr eich bod yn ca'l eich cais.'

Gofalwr baddonau'r gwaith o'dd Bert Peel, tad-cu Dwayne, hyfforddwr presennol y Sgarlets a oedd heb ei eni yn 1974! Ro'dd cered yn y baddonau yn rhyfedd gan fod rhaglen y noson flaenorol i'w chlywed ar yr uchelseinydd. Yn ddi-ffael, ro'dd Bert yn recordio'r cyfan. Bert hefyd o'dd ffisio tîm rygbi Llanelli ac yn ffrind arbennig i Ray Gravell. Yng ngeirie Ray, Bert o'dd Brenin y Sbwnj!!

Un peth bach arall am ymweld â Chwmgwili, ro'dd bwyd y cantîn yn ffantastig. Alle neb ddweud 'na' i'r sgons. A bydde Megan yn gwneud yn siŵr fod dwy ar gael i fynd 'nôl i'r stiwdio – un i Wyn a'r llall i finne. Sdim rhyfedd mai Megan Sgons o'dd hi i Wyn.

Erbyn saith y nos, fi yn unig fydde yn yr adeilad ar Hewl Fictoria. Ac er i mi orfod rhuthro un noson i Ysbyty Singleton i gael dau bwyth wedi i mi dorri blaen fy mawd, llwyddes i wneud y siwrne, a chael y driniaeth, a hynny tra o'dd rhaglen awr ar dâp yn chwarae! Do'dd neb tamed callach.

Wel dyna fe, rhyw flas o fy nyddie cynnar yn dysgu'r grefft o ddarlledu. A chredwch fi, teimlad digon chwithig o'dd gadel a finne wedi cael shwd brofiade hapus.

Ar 1 Ebrill 1977, dechreues ar gam nesa fy siwrne, a symud o fyd radio i fyd y teledu i weithio ar raglen newyddion *Y Dydd* ar HTV. Ro'n i wedi derbyn swydd cynrychiolydd y cwmni yng ngorllewin Cymru, i olynu Sulwyn Thomas, sgidie mawr i'w llenwi. Unweth eto, ges i gyd-weithwyr gwych, a gwneud mwy o ffrindie.

Tudalen am Sain Abertawe yn IBA-Television-and-Radio-1977

'Cadw'r iaith yn fyw'

Denu cynulleidfa newydd at y Gymraeg a'i chadw'n fyw yn ardal y Maes Glo Carreg – dyna oedd cyfraniad pennaf Sain Abertawe, yn ôl un o'r gwrandawyr ifanc cynnar, Adrian Price ...

Yr atgof cyntaf sydd gen i o Sain Abertawe yw cael fy nghyfweld gan Glynog Davies pan oeddwn i'n ymarfer fel aelod o'r dorf yn nrama Ysgol Gyfun Dyffryn Aman, *Agi! Agi! Agi!* tua 1976. Roedd cael fy nghyfweliad radio cyntaf yn Gymraeg yn brofiad cyffrous iawn. Dwi'n cofio camdreiglo ond wedyn, hunangywiro a'r ddirprwy brifathrawes, Rhiannydd Morgan, yn rhoi canmoliaeth fawr i fi am wneud.

Wedi astudio Astudiaethau Celtaidd yn Aberystwyth a chymhwyso'n athro Cymraeg yn Abertawe, dyma fi'n prynu tŷ ym mhentref fy mebyd, Tŷ-croes, ger Rhydaman a dwi'n cofio gwrando ar arlwy Gymraeg Sain Abertawe yn rheolaidd gyda'r nos, yn arbennig wrth goginio, golchi'r llestri, golchi dillad a smwddio yn y gegin.

Roedd rhaglenni Willie Bowen yn dod yn rhan o batrwm bywyd ac roedd y ffaith ei fod yn siarad y dafodiaith leol yn creu rhyw agosatrwydd i ryw getyn athro bach ifanc a oedd yn trigo wrth ei hunan. Roedd nifer o gyflwynwyr disglair eraill hefyd, wrth gwrs, a aeth ymlaen yn ddiweddarach at bethau mawr, fel Garry Owen, Cefin Campbell, Siân Thomas, a Glynog Davies. Syndod o'r mwyaf i fi oedd clywed bod nifer yn gwneud y gwaith yn wirfoddol ond wrth gwrs, rhoddodd brofiad iddyn nhw o weithio yn y cyfryngau a fyddai'n fuddiol yn nes ymlaen.

Adrian Price

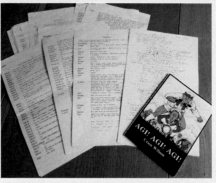

Sgript y ddrama Agi! Agi! Agi!

Un o'r pethau mwyaf nodedig am raglenni Cymraeg Sain Abertawe oedd yr ymdrech i ddefnyddio tafodieithoedd lleol Cwm Tawe, Dyffryn Aman a Chwm Gwendraeth, ac roedd hynny'n bwysig iawn mewn ardal lle siardai llawer iawn Gymraeg ond am wahanol resymau – roedd tipyn o ddiffyg hyder wrth ddefnyddio'r iaith. O ganlyniad, denodd yr orsaf gynulleidfa newydd at yr iaith nad oedd BBC Radio Cymru yn ei chyrraedd.

Cefais gyfweliad i fod yn ymchwilydd i Radio Cymru unwaith, a phan soniais i y dylai'r sianel fynd i gymunedau diwydiannol y de i ddarlledu, yr ymateb a gefais oedd na fyddai hynny'n plesio Mrs Jones, Llanrug! Afraid dweud na chefais i'r swydd ond, mewn gwirionedd, roeddwn yn falch ar ôl tystio'u hymateb trahaus i'm syniadau i wneud y sianel yn fwy cynhwysol ac apelgar. Roedd hynny'n ôl yn yr 1980au a dichon bod rhyfaint o welliant wedi bod ers hynny.

Yn olaf, soniaf am un atgof arbennig o annwyl sydd gennyf o'm mam-gu, Mair Eluned James, a oedd yn byw yn Llandybïe. Dim ond ar raglenni Cymraeg Sain Abertawe y byddai'n gwrando – gyda'r nos rhwng 6.00 a 9.00 wrth smwddio. Doedd hi byth yn gwrando ar sianeli eraill, ddim byd yn Saesneg nac yn gwylio'r teledu. Holais i hi pwy oedd ei hoff ganwr a'r ateb a gefais i oedd Dafydd Iwan!

I grynhoi, byddwn i'n dweud bod rhaglenni Cymraeg Sain Abertawe wedi denu cynulleidfa newydd at y Gymraeg ac wedi helpu i gadw'r iaith yn fyw yn ardal y Maes Glo Carreg. Ymdrechwyd ymdrech deg ac mae hiraeth ar eu hôl.

Y Sialens

Wyn Thomas

Roedd cychwyn gorsaf radio a oedd yn cynnig math newydd o wasanaeth yn sialens, a hynny pan oedd Cymru yn mynd trwy gyfnod o newid. Roedd boddi Capel Celyn, gweithgareddau Cymdeithas yr Iaith, arwisgo Tywysog Cymru, dechrau trafodaethau i sefydlu sianel deledu ar gyfer rhaglenni Cymraeg, ymgyrchoedd Meibion Glyndŵr, a thwf cefnogaeth i ddatganoli a chenedlaetholdeb, yn creu cyffro newydd drwy'r wlad. Ysgrifennodd gohebydd Cymreig y *Times*, Trevor Fishlock, mewn llyfr am y Gymru newydd, fod yna hyder newydd yn tyfu ymysg y Cymry. Roedd

Wyn Thomas

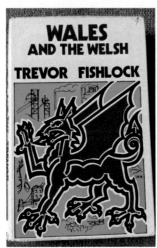

*Cyfrol Trevor Fishlock,
Cassell, Llundain 1972*

yn sôn am y balchder yr oedd wedi ei weld mewn pobol a oedd yn barod i frwydro i warchod eu hiaith a'u hetifeddiaeth.

Ond hefyd, roedd y diwydiannau mawrion fel gweithiau haearn, dur a glo yn gwegian ac yn raddol ddiflannu o'r tir. Y rhain oedd y diwydiannau a sefydlodd economi ardal Sain Abertawe, y diwydiannau a greodd y chwyldro diwydiannol a newidiodd boblogaeth Cymru, sefydlu trefi a chymunedau newydd, ac a ddaeth â gwleidyddiaeth sosialaidd ac arferion cymdeithasol newydd i'r wlad. Wrth i'r glofeydd, y ffwrneisi a'r ffatrïoedd gau, roedd y sefydliadau a oedd yn cynnal cymdeithasau, fel capeli, llyfrgelloedd y glowyr, Cymdeithas Addysg y Gweithwyr (y WEA), bandiau pres, corau ac yn y blaen, ac eisteddfodau

Max Boyce a'r Ardal Ddiwydiannol: Cartŵn Wyn Thomas

lleol, yn teimlo'r golled. Nid oedd neb i'w weld yn gallu awgrymu pa gyfeiriad y byddai'r Gymru ôl-ddiwydiannol yn gorfod ei gymryd er mwyn ffynnu'n economaidd. Helpu'r bobol yn ardal Sain Abertawe trwy'r cyfnod anodd yma fyddai un o ofynion pwysicaf y gwasanaeth newydd.

Cerddoriaeth boblogaidd oedd asgwrn cefn y gwasanaeth, gyda newyddion, materion cyfoes, chwaraeon a phynciau trafod yn cael eu darlledu un ai fel rhaglenni o awr neu hanner awr ar y tro. Roedd yn rhaid i'r cyflwynwyr wneud lle i gynnwys eitemau byr rhwng y recordiau, penawdau newyddion, y gwersi Cymraeg, y tywydd ac eitemau rheolaidd am ffasiwn, bargeinion mewn siopau, ryseitiau bwyd, ac, wrth gwrs, yr hysbysebion a oedd yn talu am y gwasanaeth. Nid oedd y dull yma o ddarlledu yn gwbl ddieithr i wrandawyr gorsafoedd Saesneg fel Radio Luxembourg, gorsafoedd anghyfreithlon fel Radio Caroline, ac ar y BBC, Radio 1. Y sialens i mi, felly, oedd gwneud y math newydd yma o ddarlledu yn dderbyniol i Gymry Cymraeg yr ardal. Wedi'r cyfan, ni fyddai Radio Cymru ar y BBC yn dechrau darlledu tan 1977, a hyd yn

MONDAY 26th February, 1979.

04.58   Sign On

05.00   Morning Call: Sarah Williams
              Surface the easy way with good music and
              pleasant chat. The 'Good Morning Line' will
              be open on Gorseinon 893031.
              05.55   Bara Beunyddiol: Parchedig William Richards.

06.40   Sports Watch:
              The latest local, national and international
              sports news.

06.45   The Breakfast Show: Dave Bowen
              A fast-moving show keeping you abreast of the world
              with news, sport and weather.
              08.00   Newswatch

10.00   Sach's Appeal: : John Sachs
              Music and chat, also featuring Take it Away through
              the morning.

12.45   Midday Report: The local news magazine.
              13.00   National News.

13.15   The Afternoon Affair: Steve Dewitt
              A musical magazine with the community in mind.
              Just after 2.30 "Your Life in Your Hands" - medica
              15.00   Llais Abertawe - the News in Welsh.

16.00   Drive Time: Stuart Freeman
              Music, news and travel news of all kinds.
              17.00   Newswatch

19.00   Amrywiaeth: Wyn Thomas
              A Welsh magazine with Llais Abertawe (News in
              at 19.01 and 20.00 (Monday features Opera)

21.00   Classical Review: Dave Thomas introduces a select
              of Classical music.

22.00   Nocturne: Jon Hawkins
              A late show with good conversation and good music.

01.00   The One o'Clock News   followed by

             The Epilogue   with Farther John Owen.

             Closedown

             News bulletins on the hour

Amserlen rhaglenni Sain Abertawe, 1979

> **'Mantais gwasanaeth radio lleol, yn fwy na radio rhanbarthol neu genedlaethol, oedd yr agosatrwydd rhwng y stiwdio a'r gwrandawyr.'**

oed wedyn, roedd yna elfennau hen ffasiwn yn eu rhaglenni a'u dulliau o gyflwyno.

Fel y dangosodd rhaglen ddogfen gan y diweddar newyddiadurwr, Stuart Leyshon, o HTV, ychydig wythnosau wedi agor gorsaf Sain Abertawe, roeddem wedi taro deuddeg ac roedd y gwasanaeth yn boblogaidd ymysg pobol yr ardal; nid oedd unrhyw gŵyn am y polisi o integreiddio'r Gymraeg a chyflwyno eitemau Cymraeg drwy gydol y dydd. Ymateb pwysig oedd parodrwydd y gwrandawyr i werthfawrogi bod ganddyn nhw eu 'gwasanaeth radio eu hunain' er mwyn eu cadw'n gyfarwydd â digwyddiadau lleol, a digwyddiadau yng Nghymru, ym Mhrydain ac yn y byd. Nid rhyw sefydliad cyfyngedig i'r dethol rai oedd Sain Abertawe, ond gorsaf a oedd yn croesawu pawb ac yn agored i bawb. Disgwylid i'r cyflwynwyr fod yn rhan o'r gymdeithas, yn barod i gymysgu ac yn glust agored i gael adnabod blaenoriaethau eu cynulleidfa. Roedd Sain Abertawe yn mynd i fod yn ganolog i fywydau ei gwrandawyr a daeth hynny'n amlwg

gyda'r gwasanaeth a ddarparwyd ar ddau achlysur pan gafodd yr ardal ei tharo gan stormydd eira.

Ar 18 Chwefror, 1978, roeddwn ym Mharc yr Arfau yn gwylio tîm rygbi Cymru yn curo'r Albanwyr o 22–14, gyda Ray Gravell a Derek Quinell yn sgorio eu ceisiadau cyntaf i Gymru. Fe sylwodd pawb yn y dorf fod y tywydd yn newid yn ystod yr hanner amser. Chwythodd gwyntoedd oer iawn drwy'r stadiwm. Wrth deithio adref ar yr A48, gan nad oedd y draffordd M4 wedi ei hagor eto, fe arhosom mewn tafarn tua hanner ffordd. Ar ôl rhyw dri chwarter awr, daeth criw i mewn i'r dafarn a chyhoeddi bod eira'n disgyn yn drwm y tu allan, ac awgrymu y dylai pobol a oedd yn teithio tua'r gorllewin feddwl am ailgychwyn ar eu siwrnai yn ddi-oed.

Fore Sul, cerddais drwy eira trwchus i agor yr orsaf a dechrau darlledu am y dydd. Mi es ymlaen i wahodd unrhyw un a oedd mewn trafferthion oherwydd yr eira i'n galw ni ar y rhaglen ac fe geisiem ni fod o gymorth. Roedd trwch o eira wedi lluwchio ar draws de a gorllewin Cymru, gan orfodi pobol i aros mewn tafarndai dros nos, peri i foduron fynd yn sownd ar y ffyrdd ac i bobol fel meddygon a nyrsys i fethu â chyrraedd eu gwaith.

Roedd hyn cyn dyfodiad y ffôn symudol, felly roeddem yn gallu sicrhau pobol fod eu teuluoedd a'u cyfeillion yn ddiogel a'u bod yn mochel mewn rhyw dafarn neu'i gilydd. Cawsom gymorth gan berchnogion ceir pedair olwyn i fynd â chymorth i'r methedig a'r henoed, a mynd â gweithwyr i'r ysbytai. Mae un alwad yn sefyll yn y cof. Roedd teulu merch o Benrhyn Gŵyr yn poeni ei bod hi ar fin rhoi genedigaeth ond nad oedd yn bosib cael ambiwlans nac unrhyw gar i'w thywys i'r ysbyty. Fe gysylltom â'r awyrlu a threfnu hofrennydd i dywys y ferch i'r ysbyty lle ganwyd y babi yn ddiogel. Am flynyddoedd wedyn roedd y teulu yn cysylltu â ni bob mis Chwefror ar ben-blwydd y babi i ddiolch inni.

Mantais gwasanaeth radio lleol, yn fwy na radio rhanbarthol neu genedlaethol, oedd yr agosatrwydd rhwng y stiwdio a'r gwrandawyr. Roedd pob gwrandäwr yn gyfarwydd â phob twll a chornel o'r ardaloedd o fewn ein dalgylch. Byddem yn gallu cyhoeddi apêl os byddai gwrandäwr wedi colli ci, cath neu dderyn; nid oedd fawr o bwrpas gwneud hynny ar wasanaeth radio'r BBC yng Nghymru.

Daeth hyn i'r amlwg ar nos Iau, 7 Ionawr, 1982, wedi i'm gwraig, Marged, fynd â Dafydd ein mab, i wersi jiwdo. Rhedodd Dafydd i'r tŷ a dweud wrthyf am agor y llenni. Gan fy mod wedi fy ngeni mewn storm eira ar lethrau'r Carneddau, a dod i arfer â stormydd eira blynyddol, roeddwn yn gallu rhagweld bod yr 'eira mân, eira mawr' a oedd yn disgyn yn addo trwch mawr o eira. Ffoniais nifer o'r cyflwynwyr a'r newyddiadurwyr i ofyn iddynt ddod i'r stiwdio yn gynnar yn y bore gan y byddai angen ein cymorth ar bobol mewn trafferthion oherwydd y tywydd, ac felly roedd yn amser i gychwyn gwasanaeth cymorth i'r gwrandawyr unwaith eto.

Hon oedd un o stormydd eira mwyaf yr ugeinfed ganrif, felly, roedd gwir angen Sain Abertawe i fod yn ddolen gyswllt rhwng y gwrandawyr, yr awdurdodau a'r rhai a oedd yn gallu cynnig cymorth. Bûm wrth y llyw am chwe diwrnod a derbyniais 20,000 o alwadau ffôn. Y chwe diwrnod hynny oedd yr un digwyddiad a brofodd werth gwasanaeth radio lleol fel cyfrwng cysylltu rhwng gwrandawyr, gwasanaethau cymorth, cynghorau, yr heddlu, a gwahanol weithfeydd. Roedd un casino yn Abertawe am i'r gwrandawyr wybod eu bod nhw wedi ailagor – pawb at y beth y bo!

Un elfen bwysig oedd rhoi gwybodaeth am y canolfannau oedd yn dosbarthu bara a llefrith ar draws yr ardal. Roeddem yn galw ar bobol a fedrai odro i fynd i'r ffermydd llaeth oherwydd bod y peiriant godro wedi rhewi. Daeth y gwasanaeth llinell ffôn yn 1982 â llawer o ganmoliaeth i Sain Abertawe a diolchiadau lu i'r cyflwynwyr, a oedd wedi cysgu'r nos yn y stiwdio. Cawsom bob math o anrhegion i ddiolch inni, gan gynnwys powlen blastig i olchi llestri yr un gan un ffatri cynhyrchu offer cegin.

'Pwy f-f-fydd yma ymhen c-can m-m-m-mlynedd?'

Mewn ymateb i'r chwyldro a oedd ar droed yng Nghymru, roedd pobol ifanc yn uchel eu cloch ym mhob ystyr, ac yn arbennig ym mhrotestiadau Cymdeithas yr Iaith. Bwriad y Gymdeithas oedd ennill cydnabyddiaeth i'r iaith Gymraeg ar bob lefel, cyfreithiol, cyfathrebu, adloniant, ac yn arbennig darlledu, ac ymladd i sicrhau sianel Gymraeg. Rhan o'r cyffro newydd yma oedd y ffordd yr aeth Cymry ifanc ati i greu eu cerddoriaeth eu hunain i ddatgan eu protest a dweud eu dweud trwy gyfrwng cerddoriaeth bop a roc.

Yr enghraifft gyntaf o hyn oedd penderfyniad Dafydd Iwan, Huw Jones a Brian Morgan Edwards i sefydlu cwmni recordiau Sain yng Nghaerdydd. Yn 1969 y cychwynnodd y fenter, a'r record sengl gyntaf i'w chyhoeddi ym mis Hydref 1969 oedd 'Dŵr' gan Huw Jones, cân yn ymateb i'r protestiadau am y penderfyniad i foddi pentref Capel Celyn er mwyn sefydlu cronfa ddŵr Tryweryn. Roedd digon o alw gan artistiaid a grwpiau newydd a oedd am gyhoeddi recordiau yng Nghymru i berswadio cwmni Sain i fuddsoddi ac adeiladu stiwdio newydd sbon yn Llandwrog ger Caernarfon. Roedd artistiaid fel Meic Stevens, Geraint Jarman, Dewi Pws, Cleif Harpwood, Hefin Elis, ynghyd â Huw Jones a Dafydd Iwan, yn gallu rhyddhau recordiau o'r safon orau, a mawr yw ein diolch i Sain am dynnu cerddoriaeth Cymru i oes newydd.

Hon oedd oes grwpiau fel Dyniadon Ynfyd Hirfelyn Tesog, Y Tebot Piws, Ac Eraill, Hergest, Mynediad am Ddim, Sidan ac Edward H. Dafis, a'r artistiaid Heather Jones, Caryl Parry Jones, Endaf Emlyn a Tecwyn Ifan. Ar ben hyn, roedd Sain yn rhyddhau recordiau poblogaidd gan gorau o bob math a grwpiau fel Hogia'r Wyddfa, Hogia Llandegai, Dai Jones Llanilar, Iris Williams, Eirlys Parry a Trebor Edwards. Daeth y rhain yn lleisiau cyfarwydd iawn ar Sain Abertawe yn eu tro, ond nid ar y cychwyn.

Heblaw Sain, roedd yna nifer o gwmnïau yn cynhyrchu ac yn gwerthu recordiau yng Nghymru. Yn eu mysg yr oedd Welsh Teldisc, Qualiton, Cambrian, Dryw a Harp, ond byddai'n wir i ddweud bod y cwmnïau yma'n rhoi eu pwyslais ar recordio pethau traddodiadol gan gorau, fel corau meibion a phartïon cerdd dant, cymanfaoedd, a chantorion poblogaidd fel David Lloyd, Jac a Wil a hyd yn oed Emyr Wyn yn fachgen ifanc iawn ac yn canu 'Bara Angylion Duw'. Byddai Jacob (Joe) Jones o Bontardawe, perchennog cwmni Cambrian, yn galw heibio i'r stiwdio yn aml i wthio record newydd neu i hel clecs am y byd cerddorol. Roedd Cambrian wedi rhoi'r cynnig cyntaf i bobol a aeth ymlaen i ddenu sylw cenedlaethol fel Mary Hopkin, Max Boyce – yn Gymraeg yr oedd Max yn canu ar y recordiau yma. Roedd y prinder recordiau Cymraeg a oedd ar gael i gynnal cymaint o raglenni Cymraeg yn dipyn o sialens inni. Roedd safon ambell record yn wael, ac yn aml roedd y nodwydd a oedd yn cysylltu braich y peiriant chwarae recordiau yn neidio ac yn rhwygo sain y record, a'r

gwrandawyr yn clywed Jac a Wil yn gofyn: 'Pwy f-f-fydd yma ymhen c-can m-m-m-mlynedd?' neu Richie Thomas yn cyfaddef ei fod yn 'Hen RRRRebel'. Yr unig achubiaeth oedd rhoi dimai neu geiniog ar ben y nodwydd ar y fraich – byddai hyn yn pwyso ar y nodwydd ac yn ei chadw yn rhigol y record. Ond

Y Tebot Piws, Sain 1970

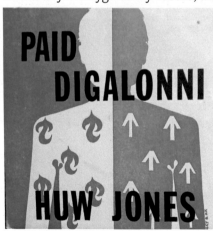

Paid Digalonni, *Huw Jones* – Sain 1970

Llygod Ffyrnig, Record Pwdwr '78

Safwn yn y Bwlch, *Hogia'r Wyddfa*
– Recordiau'r Dryw, 1969

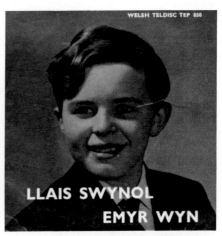

Llais Swynol Emyr Wyn
– Welsh Teldisc, 1965

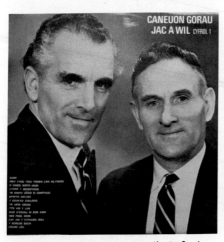

Caneuon Gorau Jac a Wil, *Cyfrol 1*
– Sain, 1976

Yr Hen Rebel, *Richie Thomas*
– Sain, 1974

diolch i'r drefn, fe ddechreuodd recordiau dywallt allan o ffynhonnell newydd Sain yn Llanrug, recordiau a oedd yn adlewyrchu cyffro cerddorol yr 1970au. Mae ein dyled yn fawr i Dafydd Iwan, Huw Jones a chwmni Sain am roi'r cyfle i gyflwyno sain Cymru yn niwedd yr ugeinfed ganrif i'r byd.

Un a fyddai'n ymweld â ni yn aml oedd Ray Gravell, a daeth yn ffrind i mi ac i Sain Abertawe. Pan gafodd ei wahodd i ymuno â'r Llewod, fe'm perswadiodd i drosglwyddo nifer o recordiau ei arwr Dafydd Iwan ar gasét. Pan oedd y Llewod yn teithio, byddai Ray yn perswadio'r gyrrwr i chwarae'r tâp hyd at syrffed i'r Llewod ar y bws. Ymateb arall a gefais gan rai o reolwyr di-Gymraeg y cwmni a oedd wedi ymdrafferthu i geisio cyfieithu geiriau ambell record Gymraeg boblogaidd. Cefais fy nghyhuddo gan y rheolwyr hyn fy mod i a Dafydd Iwan yn ceisio creu ysbryd o chwyldro ymysg y gwrandawyr oherwydd bod 'I'r Gad' yn ffefryn gen i.

Dim ond ar ddau achlysur arall y cefais gŵyn am chwarae record gan yr un a oedd yn canu. Y gŵyn gyntaf oedd cwyn gan gantores glasurol a ddaeth i ofyn pa hawl oedd gennym i chwarae ei record. Wedi gwrando ar ei ffwlbri, nid oedd perygl y byddwn yn rhoi sylw iddi hi a'i record byth eto. Digwyddodd yr ail gŵyn yn y cyfnod pan oeddem yn darparu ar gyfer cynnal yr Eisteddfod Genedlaethol yn Nhre-gŵyr, Eisteddfod Dyffryn Lliw. Galwodd y Parchedig E. Gwyndaf Evans, yr Archdderwydd Gwyndaf, i'n gweld yn y stiwdio. Roedd yn awyddus iawn i gael gwybod beth y bwriadai Sain Abertawe ei wneud ar gyfer yr Eisteddfod a beth oedd ein polisi tuag at yr iaith Gymraeg. Roedd ganddo

wên fawr o foddhad ar ei wyneb pan glywodd am ein bwriadau. Aeth ymlaen i ddweud bod fy ymdrechion i warchod ac i ehangu iaith a diwylliant yr ardal yn haeddu cael eu cydnabod gan yr Orsedd. Yna, newidiodd ei olwg a gofyn imi a oeddwn wedi chwarae'r record hir yr oedd o wedi ei recordio, sef record yr oedd y Prifardd yn adrodd straeon arni. Gan fod llais arbennig gan Gwyndaf, llais dwfn, awdurdodol, roeddwn wedi cyflwyno'r record gwpwl o weithiau. Byddai'n rhaid inni roi manylion am bob record a oedd yn cael ei chwarae er mwyn anrhydeddu hawlfraint a thalu i'r cwmni recordio am yr hawl i chwarae'r record. Roeddwn wedi llenwi'r ffurflenni angenrheidiol ac wedi anghofio am y peth. Ond nid oedd hyn yn ddigon gan Gwyndaf. Roedd o eisiau gwybod yr holl fanylion am chwarae'r record, sawl gwaith y chwaraewyd y record ac am ba hyd, ac yn y blaen, a dywedais wrtho yr hyn a oedd ar fy nghof. Ffarweliodd â ni a dweud cymaint yr oedd yn ein canmol am ein gwaith. Ychydig ddiwrnodau'n ddiweddarach, daeth llythyr i law gan Gwyndaf, yn cario bil am rai cannoedd o bunnoedd fel tâl am inni ddefnyddio ei record. Aeth y mater i gyfraith pan wrthodwyd talu'r bil, a dyna'r diwedd am unrhyw sôn am wahoddiad i ymuno â'r Orsedd.

Cofio'r dyddiau cynnar

Roedd Gari Melville o Graig Cefn Parc, Cwm Tawe, yn un o wrandawyr cynnar Sain Abertawe, a chafodd gyfle i recordio yn y stiwdio gyda thri o fandiau Cymraeg ...

'There's a new station coming to the Swansea area ...'

Rwy'n cofio'r dyddiau cynnar tua 1973 a'r holl hysbysebu a darllediadau test, ac yn gweld posteri lan a newyddion yn yr *Evening Post*. Ro'n i wastad wedi dwlu ar y radio ac ar *fever pitch* i wrando.

Roedd e'n cynnig democratiaeth i bobol leol. Doedd dim lot o opsiynau yng Nghymru, dim ond y BBC, ac roedd lot o bobol leol wedi gweld bod y rhaglenni'n dod â rhywbeth iddyn nhw – newyddion, chwaraeon, cerddoriaeth, gwasanaeth yn Gymraeg – ac roedd yn cynnig opsiwn arall i raglenni'r BBC ar y pryd.

Yn y blynyddoedd cynnar roedd pobol yn teimlo ei fod yn rhan ohonyn nhw. Rwy'n cofio mynd i'r garej yng Nghlydach a roedd Sain Abertawe mla'n, ac yn y siop bapurau. Ac wrth drafaelio trwy'r Cwm, roedd pob siop bron â Sain Abertawe mla'n.

Gari Melville

Gwaith stiwdio

Ro'n i'n gwneud *voice-overs* yn achlysurol ar ddiwedd yr 1970au i Sain Abertawe. Rwy'n cofio un yn arbennig, yn hysbysebu gwasanaeth cwmni yswiriant ceir o Bontardawe, sef Old Oak Insurance. Roedd Bob McCord, y peiriannydd, yn fy helpu i adrodd y

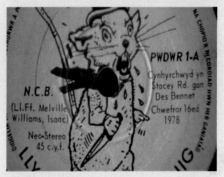

NCB Llygod Ffyrnig ar label Pwdwr

sgript mor gyflym â phosib gyda'i *stop-watch*. Y ffi oedd £7.50.

Adeg Nadolig 1977 trefnais i'r grŵp pync o Lanelli, y Llygod Ffyrnig, i wneud sesiwn ar gyfer rhaglen Aled Glynne Davies, sef *Mynd am Sbin*. Recordiwyd pedair cân: 'N.C.B', 'Sais', 'Cariad y Bus Stop' a 'Merched Glan-llyn'. Roedden nhw mewn cwmni da.

Ymysg y rhai oedd wedi gwneud sesiynau oedd y Trwynau Coch, Eliffant, Meic Stevens a Dewi Pws. Roedd Derec Brown o'r orsaf yn gefnogol iawn i'r Llygod hefyd ac rwy'n cofio gwneud dau gyfweliad gyda fe am y band ac un yn hyrwyddo gig i Meic Stevens a'r Trwynau Coch yn sinema'r Globe yng Nghlydach.

Rwy'n cofio mynd draw gyda thri o fandiau o'n i'n eu rheoli ar y pryd, y Llygod Ffyrnig yn 1977, ac wedyn mynd gyda Crys dair blynedd yn ddiweddarach. Roedd yr orsaf yn

Cytundeb Gari Melville

fodlon helpu cerddorion ifanc mas – unwaith eto, gwasanaeth i bobol leol. Ac wedyn Blodau Cyntefig, grŵp Nia, yn yr 1980au. Yn 1980 roedd yr Eisteddfod Genedlaethol yn Nyffryn Lliw. Rwy'n cofio gwrando ar un o'r rhaglenni gyda'r nos. Doedd neb yn eilio i Edward H. Dafis oedd yn chwarae

Gari Melville

rhaid i rywbeth newid yno. Roedd hi'n sefyllfa wahanol gan fod Radio Cymru yn darparu gwasanaeth i Gymru gyfan, ond roedd sŵn Sain Abertawe yn fwy ffres ac egnïol ac roedd ei steil Americanaidd yn fwy slic. Ac wrth gyfuno'r slic â DJs oedd yng nghanol y gynulleidfa, ry'ch chi *on a winner*!!

gig yng Ngorseinon. Penderfynais i yrru Crys lawr 'na a gofyn i'r trefnwyr a fydden nhw isie cael Crys (*unknowns*) i eilio i'r siwperstars ar y noson.

Chwaraeodd Crys yn wych ac i'r fath raddau, fe wnaeth Dewi Pws ddod aton ni ar ôl y set a gweiddi, 'Y diawled!' a finne'n meddwl, 'Dilyn hwnna, 'te bois!'

Ar ddiwedd yr 1980au roedd fy ngwraig, Nia Melville, yn cyflwyno ei sioe *Trwy'r Cymylau*, ac ar ôl gadael i ymuno â Radio Cymru roedd Geraint Williams (oedd wedi gweithio gyda fi yn rheoli'r Llygod Ffyrnig a Crys) wedi cymryd ei lle gyda'r sioe *Amser Siocled*.

Rwy'n credu bod Sain Abertawe yn gic lan eu tinau i Radio Cymru. Roedd

Swansea Sound Jingles
– *Swan Records*

Crys a'r cynnwrf cynnar

Mae Eleri Lewis yn cofio'r cynnwrf wrth wrando ar radio lleol ardal Abertawe a dysgu mwy am y byd pop Cymraeg ...

Rwy'n cofio'n yr 1970au teimlo'n gynhyrfus iawn bod radio lleol yn dod i Abertawe. Ro'n i'n gyfarwydd â gwrando ar Radio 1 a 4 ac roedd clywed bod radio yn dod i Abertawe yn gyffrous dros ben.

Ond rwy'n cofio pan o'n i'n gyrru drwy Gorseinon ro'n i'n disgwyl rhywbeth fel Las Vegas, rhywbeth *glamorous*. Ro'n i bach yn siomedig fod y pencadlys yn ddim mwy na siac yn fy marn i.

Dydw i ddim yn siŵr beth o'n i'n disgwyl mla'n ato o ran y cynnwys, ond y ffaith ei fod yn darlledu mor agos at adre oedd yn bwysig.

Un peth rwy'n cofio pan o'n i yn y Chweched Dosbarth (Ysgol Gyfun Ystalyfera) o'dd bod rhaglen ar Sain Abertawe bob nos Sadwrn ac roedd un gwrandäwr yn cael mynd i'r stiwdio i chwarae 10 record.

Rwy'n cofio un noson – fi a dwy o'm ffrindiau'n gwrando ar ddyn yn chwarae deg record o Craftwork. Ac rwy'n cofio'r tair ohonon ni'n meddwl y gallen ni wneud yn well ac yn ysgrifennu llythyr at Sain Abertawe i ofyn a allen ni fynd ar y rhaglen.

Aeth y tair ohonon ni i wneud y rhaglen i chwarae U2, ac rwy'n cofio i'r DJ ofyn, gan ein bod ni'n mynd i ysgol Gymraeg, pam ddim dewis cân Gymraeg? A'n hateb ni oedd nad oedden ni'n hoff iawn o'r sin Gymraeg a'i bod hi ddim o ddiddordeb i ni.

Ond tra o'n ni ar yr awyr dyma un o aelodau Crys yn galw a dadlau yn erbyn a thrio'n perswadio ni bod cerddoriaeth bop Gymraeg o gystal safon â cherddoriaeth Saesneg.

A beth ddigwyddodd? Gawson ni docynnau rhad ac am ddim i weld y grŵp Crys yng Nglyn-nedd!

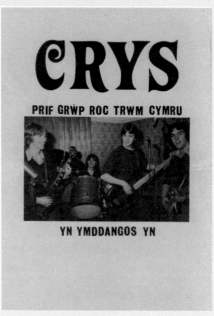

Poster o ddyddiau cynnar Crys

Ro'n i'n flin iawn i glywed am gael gwared ar Sain Abertawe. Hwnna oedd wedi fy nghynhyrfu i ddechrau – sef bod gorsaf radio lleol yn Abertawe – ond nawr, yn anffodus, mae busnes mawr yn y darlun ac mae pob rhaglen â'r un blas cenedlaethol, nid â blas lleol.

Y cyfraniad mwyaf oedd y ffaith bod gorsaf leol i'w chael a oedd yn delio â materion yn lleol nid cenedlaethol.

Dydw i ddim yn credu bod e wedi newid fy mywyd, ond roedd balchder i'w deimlo bod gorsaf radio yn Abertawe. Os ydych chi'n gwrando ar y radio ac mae rhywun yn ffonio o Basingstoke, does dim lot o wahaniaeth; ond os oes rhywun yn ffonio o Bontardawe neu Bontarddulais, mae'n gynhyrfus.

'Chwyldro yn yr awyr'

Richard Rees

Cyfweliad gyda Paul McCartney oedd 'ar ben y rhestr' o brofiadau Richard Rees gyda Sain Abertawe cyn iddo ymuno â'r BBC a sefydlu cwmni Telesgop. Mae'n dal i gyflwyno rhaglen gerddoriaeth ar Radio Cymru ar fore Sadwrn ...

Richard Rees yn y stiwdio

Roedd 1974 yn flwyddyn fawr i fi. Nid oherwydd bod Harold Wilson wedi ei ethol unwaith eto yn Brif Weinidog, na chwaith bod chwyddiant yn 17% a John Dawes wedi ei ddewis yn hyfforddwr newydd tîm rygbi Cymru. Ond am fod chwyldro yn yr awyr. Roedd pethau mawr yn digwydd ar ddarn o dir corsiog rhwng Gorseinon a Thre-gŵyr byddai'n newid darlledu radio yng Nghymru, a'm mywyd i, am byth.

Ar 30 Medi, 1974, pan lansiwyd gorsaf radio annibynnol gyntaf Cymru, Swansea Sound, roeddwn i'n 19 oed, yn byw yn Llanelli ac yn y coleg yng Nghaerfyrddin yn astudio i fod yn athro. Er hynny, roedd gen i ddiddordeb affwysol mewn radio. Fel nifer o'm cyfoedion, fe fyddwn i'n gwrando am oriau gyda'r nos ar Radio Luxembourg neu Radio Caroline. Yr unig ddewis arall ar y pryd oedd y BBC a'r unig wasanaeth ar gyfer cerddoriaeth oedd Radio 1. Roedd hyd yn oed y syniad o weithio gydag un o'r gorsafoedd hynny y tu hwnt i bob gobaith i rywun fel fi.

Roedd fy niddordeb mewn radio wedi arwain at gyfle i ddarlledu'n gyson gyda Radio Ysbyty Glangwili yng Nghaerfyrddin, a gafodd ei sefydlu gan Sulwyn Thomas yn 1972. Dyna ble ddechreuais i ddysgu'r grefft o baratoi a chynhyrchu rhaglenni radio, a sut i siarad a gwrando ar bobol mewn cyfweliadau. Er nad oeddwn i'n ymwybodol ar y pryd, roedd yn gosod y seiliau ac yn fy mharatoi ar gyfer beth oedd ar y gorwel ymhen rhyw ddwy flynedd.

Ar fore Llun, 30 Medi 1974, roedd yn rhaid codi'n gynnar, gafael yn y *wireless*, a throi'r dial i 257 ar y donfedd ganol, *medium wave*. Yna, clywed y jingle 'Two fifty seven Swansea Sound', a llais y cyflwynydd, y DJ Chris Harper o Abertawe. Roedd y gerddoriaeth, y caneuon adnabyddus, i gyd yn cael eu cyflwyno'r un mor slic ag unrhyw beth oedd i'w glywed ar Radio 1, ond gyda llais lleol. Wrth i'r bore fynd yn ei flaen, clywed y newyddion lleol a chenedlaethol yn cael yr un faint o sylw ond eto mewn acenion roeddwn i'n eu hadnabod, y sŵn roedden ni'n gyfarwydd ag e yn lleol. Ac wrth i'r dyddiau fynd heibio, clywed rhaglenni Cymraeg, materion cyfoes, rhaglenni plant a dramâu i gyd â sŵn a blas lleol.

Gyda chyd-weithwyr

Roeddwn i wedi cynhyrfu'n lân, felly pan gefais gyfle i gael clyweliad ar gyfer yr orsaf, dyma fynd amdani. Doeddwn i ddim wedi bod mor nerfus am unrhyw beth erioed. Roedd fy nghyfweliad, yn fyw ar yr awyr, yn gofyn i fi gyflwyno rhaglen Saesneg, *The World of the Musicals*, a finnau'n gwybod y nesa peth i ddim am sioeau cerdd! Trwy lwc a gwyrth fe lwyddais, a chyn hir roeddwn i'n cyflwyno rhaglenni bob wythnos yn Gymraeg ac yn Saesneg.

Dysgu crefft darlledu

Doedd unman gwell na Sain Abertawe, a radio lleol yn gyffredinol, i ddysgu'r grefft o ddarlledu. Roedd cael cydweithio a gweld y darlledwyr profiadol proffesiynol eraill wrth eu gwaith yn addysg nad oedd ar gael yn

unman arall. Darlledwyr o ardal Abertawe, fel Chris Harper, Viv Evans, Dave Bowen a Doreen Jenkins, a rhai oedd wedi dod o orsafoedd eraill; Crispian St John o Radio Caroline ac Adrian Jay o BBC Bristol (cyn gweithio gyda Radio 1), Phil Fothergill o BBC Radio Brighton a Terry Mann.

Roedd tîm o newyddiadurwyr profiadol dan arweiniad y Pennaeth Newyddion, Trevor Curtiss; David Williams, David Thomas a Paul

Richard Rees gyda Stuart Freeman, un o DJs cynnar Sain Abertawe

Y stiwdio

Woodley yn darlledu bwletinau newyddion lleol a storïau cenedlaethol dair gwaith bob awr gyda *20/20 News*. Wyn Thomas o HTV oedd yn Bennaeth Rhaglenni Cymraeg a Colin Mason oedd y Pennaeth Darlledu, gŵr a fu'n gweithio ym myd darlledu am flynyddoedd cyn cymryd yr awenau yn Sain Abertawe.

Y fantais fawr o weithio i radio lleol annibynnol oedd bod disgwyl i chi wneud popeth. Cyflwyno, cyfweld, cynhyrchu, llenwi ffurflenni cerddoriaeth, gofalu am offer a chadw'r stiwdio yn lân ac yn daclus, a mwy!

Roedd y rhaglenni Cymraeg yn cael eu darlledu bob nos o nos Lun i nos Wener dan yr enw *Amrywiaeth*. O nos Lun i nos Iau byddai Glynog Davies yn cyflwyno sgyrsiau gyda phobol leol ac yn hysbysebu digwyddiadau lleol gyda cherddoriaeth o bob math, emynau, canu gwerin a cherddoriaeth glasurol. Yna, ar nos Wener, roeddwn i'n cael y cyfle i wneud y mwyaf o'r byd roc a phop cyfoes a chyffrous, a wnaeth, yn ei dro, newid agweddau pobol at gerddoriaeth Gymraeg.

Roedd canol yr 1970au yn gyfnod chwyldroadol yn y sin gerddoriaeth yng Nghymru. Am flynyddoedd, roedd y byd pop Cymraeg wedi troi o gwmpas grwpiau o ddynion a merched yn gwisgo'r un dillad – fel

Y ddesg a'r cyfarpar stiwdio, 1970au

Ystafell Newyddion Sain Abertawe

'Top Forty' Sain Abertawe

arfer, ffrogiau blodeuog i'r merched neu wasgod o frethyn cartref i'r dynion. Ond yng nghanol yr 1970au, ar yr union adeg pan oedd Swansea Sound yn cychwyn, roedd bandiau fel Ac Eraill, Edward H. Dafis, Sidan, Hergest, Shwn, Brân a llawer mwy yn dod â chyffro a diddordeb newydd i'r sin.

Roedd gan Sain Abertawe stiwdio recordio newydd, modern, *state of the art* ac roedd hi'n bosib cael artistiaid i mewn i'r stiwdio i recordio, Meic Stevens a'r Trwynau Coch yn eu plith.

Cwrdd â sêr y byd roc

Bob penwythnos roeddwn yn cyflwyno rhaglenni Saesneg ac wrth fy modd yn cael dewis y caneuon a'r bandiau roc mwyaf newydd a dylanwadol, ac yn aml, yn holi rhai o'r bandiau ac artistiaid yn fyw ar yr awyr.

Cefais y fraint o gyfweld Helen Shapiro wnaeth cymaint o farc ar y sin bop Brydeinig yn yr 1950au a'r 1960au. Daeth Clifford T. Ward i'r stiwdio pan gyhoeddodd ei albym gyntaf. Bu Bonnie Tyler yn trafod ei record sengl gyntaf, *Lost in France*, yn 1975. Bues i'n siarad gyda 'Chas and Dave' oedd newydd orffen gig yng Nghaerdydd ac a oedd wedi mynd i stiwdio yn y brifddinas i siarad gyda fi lawr y lein. Roedd y sgwrs yn mynd yn dda tan i ni golli un hanner o'r lein. Roeddwn yn gallu eu clywed nhw, ond doedden nhw ddim yn fy nghlywed i. Felly daeth y sgwrs i ben yn sydyn pan glywais Chas yn dweud, 'We can't hear him, Dave, we may as f__k off back to the hotel.'

Ond un o'r uchafbwyntiau, o safbwynt cyfweliadau byw, oedd siarad gyda Phil Ryan a Terry Williams o'r band Man pan benderfynon nhw roi'r

You heard the word on 257

Llofnodion rhai o'r sêr

gorau iddi, gan eu holi nhw'n fyw ar yr awyr am ddwy awr gyfan.

Fe gydiodd Swansea Sound yn nychymyg pobol yr ardal yn fuan iawn a chyn bo hir roedd galw arnon ni'r cyflwynwyr i wneud ymddangosiadau byw a chyflwyno nosweithiau disgo ac ati ar draws yr ardal ac i gyflwyno bandiau ar lwyfannau gwyliau roc. Fe fues i sawl gwaith yng Ngŵyl Reading ac yn y Great British Music Festival yn Olympia yn Llundain yn 1975 yn cyflwyno a chyfarfod Bad Company, Budgie, Thin Lizzy ac, wrth gwrs, yr anfarwol Status Quo.

Ond un o'r pethau roeddwn i'n ei fwynhau'n fwy na dim oedd cyfweld â bandiau cyn neu ar ôl eu gigs. Bob hyn a hyn byddai galwad ffôn yn dod oddi wrth CBS neu Island Records yn holi a hoffwn fynd i Lundain i weld rhyw artist neu fand newydd. Byddai car yn dod i'm nôl i fynd i'r gig, y cwmni'n talu am westy dros nos ac yn trefnu car

'nôl i Abertawe'r diwrnod wedyn.

Un o'r llefydd gorau i weld bandiau'n chwarae yn y cyfnod oedd y Capitol yng Nghaerdydd. Fe fues i yno yn holi Brian Ferry o Roxy Music yn 1975; 10CC yng ngwesty'r Angel wrth gyhoeddi'r sengl 'I'm Not in Love', cyn cael cinio gyda nhw a sgwrs hir gyda Lol Crème am y tŷ newydd a stiwdio roedd e'n bwriadu adeiladu! Hollol swreal!

Un arall o'r uchafbwyntiau oedd y cyfweliad gyda Brian May a Roger Taylor o'r band Queen cyn perfformiad yn y Capitol. Roedd y ddau (gyda Freddie Mercury yn torri ar draws bob hyn a hyn) yn siarad yn frwdfrydig iawn am yr albym diweddaraf, *A Night at the Opera*, fu'n gyfrifol am ddyrchafu Queen i enwogrwydd ar draws y byd.

Wyneb yn wyneb â Paul McCartney

Ond heb os nac oni bai, y cyfweliad sydd ar ben y rhestr i fi yw'r cyfweliad gyda Paul McCartney yn 1975. Ar 11 Medi roeddwn i'n eistedd yn y swyddfa yn Swansea Sound pan ganodd y ffôn. Terry Mann, un o'r cynhyrchwyr, atebodd gan ofyn i fi a oeddwn i'n rhydd i fynd i Gaerdydd nes ymlaen yn y prynhawn. Dywedais fy mod i, a ches fynd i holi Paul McCartney a

> 'Wna i fyth
> anghofio'r sgwrs
> hyfryd ges i – ar,
> ac oddi ar y
> meic – gydag un
> o gerddorion
> enwoca'r byd.'

Wings wrth i'r band deithio i hybu eu halbym diweddaraf, *Venus and Mars*.

Lan â fi i Gaerdydd i'r Capitol lle gefais fy nghyflwyno gyda phàs AAA – sef *access all areas*. 'Nôl yng nghefn llwyfan fe fues i'n holi aelodau'r band – Joe English, Jimmy McCulloch a Denny Laine – gan drafod y caneuon a'r albym newydd. Caerdydd oedd y drydedd noson ar y daith Wings Over The World fyddai'n mynd â nhw ar draws y byd am flwyddyn gyfan.

Yna dyma Paul McCartney yn cyrraedd, gan ymddiheuro am fod yn

Richard Rees gyda record hir gynta Wings, Venus a Mars

hwyr, a dweud wrtha i am gymryd faint bynnag o amser oedd angen. Fuon ni'n siarad ac yn trafod am ryw awr, cyn i'r band fynd yn ôl i'r llwyfan i siarad ag aelodau eraill o'r wasg fyd-eang.

Am ryw reswm, fi oedd yr unig un a gafodd y fraint o eistedd gyda fe a chael sgwrs wyneb yn wyneb. Roedd e'n ŵr bonheddig ac yn gyfeillgar dros ben, ac wna i fyth anghofio'r sgwrs hyfryd ges i – ar, ac oddi ar y meic – gydag un o gerddorion enwoca'r byd.

Diolch i Radio 257

Ar ôl dwy flynedd gyda Swansea Sound roedd yn bryd i fi symud ymlaen, ac fe ges i gynnig swydd gyda'r BBC yn Abertawe a Chaerdydd. Ond dwi'n gwybod yn iawn, oni bai am y profiad a'r hyfforddiant ges i yn Swansea Sound, fydden i ddim wedi bod mewn sefyllfa i dderbyn y cynnig yna gan y BBC.

Erbyn hyn, mae enw Swansea Sound wedi mynd a fawr o ddim cynnyrch lleol dan Greatest Hits Radio, dim ond rhaglenni sy'n cael eu ffrydio o Lundain ar draws pob rhan o'r Deyrnas Unedig. Prin yw'r cyfle i gyflwynydd lleol gyfweld â sêr y byd roc wyneb yn wyneb heddiw wrth i'r cyfan gael ei wneud gyda'r sêr yn eistedd mewn stiwdio yn Llundain a phawb yn eu holi dros y lein yn eu tro.

Yn ogystal â'r tristwch o fod wedi colli'r cysylltiad â'r gynulleidfa leol, does dim cyfle bellach i berson ifanc o'r ardal gael y profiadau a'r cyfleoedd ges i, a chymaint o bobol eraill, i ddysgu crefft ddarlledu ar garreg y drws. Mae'r acenion sydd i'w clywed ar radio 'lleol' masnachol yn swnio'n union yr un peth ble bynnag yr ewch chi a ble bynnag y byddwch chi'n gwrando. Dydw i ddim yn siŵr hyd yn oed faint o sylw mae'r iaith Gymraeg yn ei chael ar rai o'r gorsafoedd 'lleol' yma.

Bydda i'n ddiolchgar am byth i Swansea Sound. Roedd Radio 257 yn hynod o bwysig i fi ac i'r ardal.

Troi gyda'r sêr

Wyn Thomas

Daeth poblogrwydd a llwyddiant gorsaf Sain Abertawe i sylw y tu hwnt i ddalgylch yr orsaf ac i sylw darlledwyr a pherfformwyr adnabyddus. Bu Myfanwy Talog yn cyfrannu'n aml, ac wedi iddo symud i fyw i'r Mwmbwls, daeth Ryan yn un o ddilynwyr yr orsaf. Galwai heibio i recordio ambell gân. Cyrhaeddodd ar 30 Medi, 1975, ac aeth at y piano yn y stiwdio fawr, cael y peirianwyr i osod meic iddo, ac aeth yn fyw ar yr awyr i ganu, 'Swansea Sound is one today, let's all sing hip hip hooray'.

Bu'n westai imi mewn sgyrsiau a thybiwn y byddai'r berthynas rhyngddo a'r cwmni wedi mynd lawer ymhellach oni bai am alwad ffôn a dderbyniais ym mis Ebrill 1977. Wedi i'r pantomeim blynyddol yn Theatr y Grand, Abertawe, lle'r oedd Ryan yn serennu, ddod i ben, aeth o gyda'i deulu i'r Unol Daleithiau am wyliau. Ar fore 22 Ebrill, cefais alwad ffôn gan weinidog Ryan. Dywedodd ei fod wedi ei gymryd i'r ysbyty yn Buffalo, Efrog Newydd, oherwydd pwl o asthma, ond yn ddeugain oed, bu farw yno. Cyn torri'r newydd roedd yn rhaid i mi gael cadarnhad. Nid oedd dewis ond ffonio ei gartref. Atebodd ei fam, ac yn ei dagrau, dywedodd wrthyf fod Ryan wedi marw. Bydd y bore hwnnw'n aros yn y cof tra byddaf byw. Roeddwn wedi colli ffrind newydd ac un o dalentau mwyaf ein cyfnod.

Roedd cyfleoedd yn dod hefyd i gyfarfod â sêr Hollywood pan oedd y cynhyrchwyr ffilmiau am roi sylw i ffilmiau newydd. Roedd y dosbarthwyr yn teimlo bod cynulleidfaoedd radio lleol yn ddigon, o ran pwysigrwydd a nifer, i haeddu gwahoddiad pan ddangosid ffilm i'r wasg. Cefais y cyfle i fod yno ar gyfer y dangosiad o *Star Wars: The Empire Strikes Back*, a chwrdd â sêr fel Harrison Ford. Ymysg eraill roedd David Prowse, a oedd yn chwarae rhan Darth Vader, ond nid ei lais o a ddefnyddiwyd, er mawr siom iddo. Un o Fryste oedd David Prowse, ac nid oedd acen y ddinas honno'n ddigon bygythiol i'r cymeriad peryglus hwnnw. Roedd David Prowse yn gyfarwydd oherwydd iddo gymryd rôl y cymeriad y Green Cross Code Man ar y teledu, arwr mewn gwisg wen a gwyrdd a oedd yn gwarchod plant rhag damweiniau ar y ffyrdd.

Galwodd yn stiwdio Sain Abertawe unwaith wedi ei wisgo yn ei siwt Green Cross Code. Perswadiais Aled Glynne Davies i recordio sgwrs gyda fo, ond roedd y sefyllfa od o'i weld ei hun yn holi'r cawr mawr mewn gwisg od wedi mynd yn drech nag Aled. Ymatal rhag chwerthin oedd un o'r sialensiau mwyaf a gafodd yn Sain Abertawe. Rhannu comedi'r sefyllfa a wnaeth David Prowse, a hawdd oedd ei berswadio i ymuno ag Aled a minnau am lymed yn y dafarn leol. Yn lle cael cinio arferol, perswadiais Mr Prowse i flasu ychydig o fwyd lleol, sef platiad o gocos, neu i ddefnyddio'r term lleol, 'powlen o gocs Pen-clawdd'. Roedd o wrth ei fodd gyda'r wledd. Chwerthin eto a wnaeth y tri ohonom wrth feddwl am weld Darth Vader, gyda'i helmed a'i glogyn du a'i *lightsaber* bygythiol, yn gofyn am blatiad o 'gocs Pen-clawdd'.

Darth Vader ym Mhen-clawdd
Cartŵn Wyn Thomas

Talentau lleol

Aled Glynne Davies oedd un o'r nifer o bobol a gychwynnodd eu gyrfaoedd darlledu gyda Sain Abertawe. Daeth yn amlwg yn fuan iawn y byddai'n rhaid i mi ddod o hyd i bobol a fyddai'n gallu cyflwyno rhaglenni. Roedd rhedeg gwasanaeth saith diwrnod yr wythnos yn fwy nag yr oeddem ni'n tri – Glynog, Rod Rees a minnau – yn gallu ei gyflawni. Roedd dwy o ferched cyflogedig yn y cwmni, Eleanor Edwards, cyn-ysgrifenyddes gyda HTV, a merch leol, Mary Watts, a oedd yn ysgrifenyddes yn yr ystafell newyddion. Fe dderbyniodd y ddwy'r sialens o gyflwyno eitemau yn y Gymraeg – Eleanor yn cyflwyno eitemau ryseitiau bwyd, a Mary, neu Mari Moscrop wedi iddi briodi un o'n peirianwyr sain, Peter Moscrop, a symudodd i'r byd teledu i gyflwyno rhagolygon y tywydd yn rheolaidd.

Ar y cychwyn, ac er mwyn sicrhau y byddai ein rhaglenni'n swnio'n gwbl broffesiynol, fe fu'n rhaid gofyn i bobol gyda phrofiad o ddarlledu neu a oedd wedi arfer bod o flaen cynulleidfa, i'n rhoi ar ben y ffordd. Ymysg y cyntaf o'r rhain yr oedd y Prifardd Rhydwen Williams oedd yn gyfaill i mi ers fy nyddiau yn HTV. Bu'n weinidog gyda'r Bedyddwyr ym Mhont-lliw, Abertawe, ac felly roedd yn gyfarwydd â'r ardal.

Byddai'n esiampl i gyflwynwyr newydd sut i gyfathrebu ar y radio. Roedd ganddo brofiad helaeth o ddarlledu ac yn berchen llais melfedaidd a swynol a oedd wedi cael ei gymharu â llais Richard Burton. Trwy wrando arno, byddai cyflwynwyr newydd yn gallu cael enghraifft ardderchog o'r union le i roi pwyslais a sut i ddefnyddio goslef y llais.

Daeth Rhydwen i'r amlwg fel bardd oherwydd iddo wrthod ysgrifennu yn y traddodiad eisteddfodol; yn hytrach, defnyddiai iaith bob dydd ei gymuned. Ond roedd ganddo ddigon o barch at y traddodiad eisteddfodol, ac enillodd ddwy Goron, ym Mhrifwyl Aberpennar yn 1946, ac wedyn yn Abertawe yn 1964 gyda'i gerdd 'Ffynhonnau'. Ynddi, mae'n mynd â ni yn ôl i'w blentyndod, ac yn defnyddio ymadroddion ac iaith y meysydd glo, ac felly'n dangos fod iaith bro'i fagwraeth yn deilwng o gael ei chydnabod fel iaith ar gyfer llên glasurol Cymru. Roedd yn bleser gwrando ar Rhydwen yn llefaru rhannau o 'Ffynhonnau'; byddai hyn yn wledd i unrhyw wrandäwr. Roedd ei ddisgrifiad o fywyd yn y meysydd glo o hyd yn gywir am ardal Sain Abertawe. Roedd pyllau glo a gweithiau dur yn frith drwy'r ardal.

Ymysg y lleisiau cyfarwydd a ymunodd â ni ar y cychwyn roedd Derec Brown o'r grŵp 'Racaracwyr', Garry Nicholas a'i chwaer Delyth, yr actor Griff Williams, Siân Thomas, a aeth ymlaen i sicrhau gyrfa ddarlledu broffesiynol iddi'i hun gyda'r BBC a chwmni Tinopolis. Hi oedd yn agor gorsaf Sain Abertawe ar foreau Sul, a phan fyddwn i'n cyrraedd, byddai ei thad, y Parchedig Richard Thomas, a oedd yn weinidog yng Nghapel y Wern, Ystalyfera, yn eistedd yn ei gar yn aros i Siân orffen ei rhaglen cyn ei gyrru am adref a chychwyn y gwasanaeth boreol yng Nghapel y Wern. Dyn hwyliog oedd Richard Thomas, ac mae ein diolch iddo am dywys Siân yn ôl a blaen i Dre-gŵyr i gychwyn gyrfa ddisglair fel un o brif ddarlledwyr Cymru. Daeth Rowena Thomas i ymuno â ni ar yr un adeg â Siân, a gadawodd y ddwy ar yr un adeg yn 1982 pan agorwyd S4C. Siân a Rowena oedd y ddwy gyflwynwraig rhwng y rhaglenni ar ein sianel deledu newydd. Cryfder Rowena oedd ei gallu i gynllunio, ymchwilio a chynhyrchu rhaglenni. Wedi iddi adael S4C a symud i weithio i HTV, manteisiwyd ar ei chryfder i arwain tîm, ac fe gynhyrchodd raglenni iddyn nhw.

Yn y cyfnod yma yr ymunodd Garry Owen o Bontarddulais â'r tîm, a buan y dysgodd yntau sut i gyflwyno, a meithrin sgiliau a'i galluogodd i fod yn un o brif gyflwynwyr Radio Cymru a gwasanaeth Cymraeg BBC Cymru.

Cefais alwad ffôn gan ŵr ifanc a

Caneuon Heddiw a Ddoe,
Derec Brown

oedd yn gofyn am gyfle i ymuno â'r tîm yn Sain Abertawe fel cyflwynydd. Yr unig broblem oedd bod ganddo atal-dweud. Roedd yn cydnabod bod problem ganddo, ond bod y broblem yn diflannu os oedd yn llefaru o flaen meicroffon. Prawf o hyn oedd ei fod yn gwirfoddoli i gyflwyno rhaglenni ar y gwasanaeth radio i gleifion yn Ysbyty Glangwili yng Nghaerfyrddin. Rhaid oedd edmygu menter y gŵr ifanc a gofynnais iddo ddod i'r stiwdio er mwyn cael gwrandawiad. Llwyddodd, a dyna oedd y man cychwyn i yrfa lwyddiannus iawn Richard Rees fel darlledwr ar BBC Radio Cymru ac yna fel cyd-sefydlwr cwmni cynhyrchu

teledu Telesgop, sydd wedi cynhyrchu cyfresi a rhaglenni di-ri i S4C a chwmnïau eraill.

Cafwyd ymweliad arall gan un a oedd yn awyddus i fod yn ddarlledwr, Gareth Wyn Jones, athro o ardal Penlle'r-gaer. Roedd Gareth wedi ymuno â'r dorf i wylio Cymru yn chwarae gêm rygbi ac aeth â pheiriant i recordio'i sylwebaeth o'r gêm, a gadawodd ei dâp er mwyn rhoi gwrandawiad i mi. Dyn annwyl, ond swil, cwbl ddiymhongar a gwylaidd oedd ac ydi Gareth, a gadawodd fy ystafell, wysg ei gefn, gan ddiolch imi'r holl ffordd allan. Nid oedd Gareth yn gweld ei hun fel darlledwr cenedlaethol, ac oherwydd ei fenter a'i gymeriad fe fentrais ofyn iddo ddarparu a darlledu ambell fwletin newyddion. Fe fu Gareth yn gwbl ffyddlon i'r orsaf hyd y diwedd, yn cynhyrchu ac yn cyflwyno amrywiaeth o raglenni, hyn yn wyneb y diffyg parch a ddangoswyd ato fo a'r iaith Gymraeg, wedi i Garry Owen a minnau ymadael.

Daeth merch ifanc, Siân Sutton, i'r stiwdio am gyfweliad am swydd ysgrifenyddes yn yr Adran Newyddion. Daeth yn amlwg ar unwaith fod potensial y gallai Siân gynnig llawer mwy i'r orsaf trwy ei rhoi ar y tîm darlledu. Roedd yn ferch ddisglair, wybodus, ac yn daer am sicrhau dyfodol yr iaith. Derbyniodd Siân y cynnig o ymuno â'r staff newyddiadurol a'r cyflwynwyr. Fe ddatblygodd i fod yn ddarlledwraig effeithiol a buan y sylweddolwyd hynny gan y BBC, a symudodd i ymuno â thîm newyddiadurol Newyddion S4C a Radio Cymru ym Mangor. Wedi hynny daeth yn olygydd y cylchgrawn *Golwg* ac mae'n dal i ddarlledu'n llawrydd.

Wedi i Mati Rees roi'r gorau i ddarparu'r gwersi Cymraeg, daeth arbenigwraig arall i lenwi'r bwlch, Nesta Tiplady o Gwm Tawe, a gwnaeth waith ardderchog yn dysgu elfennau'r iaith i'r di-Gymraeg. Wedi i Nesta ddarfod gyda'r gwersi, daeth Cefin Campbell i lenwi'r bwlch. Ni ddaeth Nesta Tiplady ar ei phen ei hun! Roedd ei gŵr yn un o'r criw a oedd yn dod i roi cymorth bob dydd Sadwrn i wneud adroddiadau a chael gafael ar ganlyniadau'r gemau niferus a oedd yn cael eu chwarae yn ein hardal. Fel heddiw, profiad rhwystredig oedd dilyn tîm pêl-droed Abertawe pan oedd y tîm yn chwarae ar gae'r Vetch, ac mewn perygl o ddiflannu i'r lefelau isaf. Daeth achubiaeth pan benodwyd John Toshack fel rheolwr y tîm, ac yn fuan dringodd Abertawe i'r lefelau uchaf. Rhan o gyfrinach Toshack oedd ei agwedd gwbl broffesiynol at y gêm, a rhan o'r agwedd honno oedd datblygu perthynas agos â'r cyfryngau.

Manteisiodd Sain Abertawe ar y cyfleoedd yr oedd hyn yn ei roi. Byddai hyn yn caniatáu i ni sicrhau y byddai dilynwyr tîm Abertawe yn gyfarwydd â'r holl newyddion am y tîm, ac yn rhoi cyfle iddyn nhw gael dweud eu dweud am hynt a helynt y clwb. Roedd timau pêl-droed ym mhob

RHAGLENNI CYMRAEG SAIN ABERTAWE

NEWYDDION 'LLAIS ABERTAWE' AM 08.00, 19.00 a 20.00

NOS LUN HYD NOS WENER 18.30 - 21.00 AMRYWIAETH

NOS LUN	WYN THOMAS YN CYFLWYNO CEISIADAU A'R GOREUON O FYD YR OPERA GYDA NESTA TIPLADY YN CYFLWYNO NEWYDDION I'R DYSGWYR.
NOS FAWRTH	GARRY NICHOLAS GYDA 'THIPYN O BOPETH' O FYD Y 'PETHE'.
NOS FERCHER	SIÂN SUTTON YN CYFLWYNO NEWYDDION O FYD Y CANU CYFOES GYDAG IDRIS EVANS YN YSTYRIED YR EISTEDDFOD GENEDLAETHOL YN 'PRIFWYL '80'.
NOS IAU	WILLIE BOWEN A MARY WATTS YN GWAHODD GALWADAU FFÔN I ANFON CYFARCHION A DEWIS DISG TRA BOD IFOR AP GWILYM YN EDRYCH AR GYNNYRCH NEWYDD Y WASG GYMREIG.
NOS WENER	SIÂN THOMAS YN CYFLWYNO CEISIADAU YN 'CANU MAWL', ROY WODDWARD YN EDRYCH AR CHWARAEON YN 'AR Y CAE' A SIÂN SUTTON YN CYFLWYNO PORTREAD RADIO O RAI O GYMERIADAU NEU GYMDEITHASAU'R ARDAL.
DYDD SUL	05:00 - 08:00 'Y CYSYLLTIAD CYMREIG' GYDA ROY WOODWARD YN CYFLWYNO EITEMAU GAN ARTISTIAID CYMREIG.

19:00 - 22:00 'DIFYR DONC' WILLIE BOWEN GYDA DEWIS O GERDDORIAETH YSGAFN POBLOGAIDD. |

Rhaglenni Cymraeg Sain Abertawe 1979

ardal a phentre ac roedd yn bolisi i gadw cysylltiad gyda chymaint ag oedd yn bosibl o'r rhain gan gyhoeddi'r canlyniadau bob dydd Sadwrn. Roedd y clwb rygbi yn ganolfan gymdeithasol wrth i ddiddordeb yn y gêm gynyddu. Yn yr 1970au roedd Cymru yn mwynhau cyfnod euraid gyda diddordeb yn y gêm ar bob lefel. Yn y cyfnod hwnnw nid oedd timau rhanbarthol fel y Gweilch a'r Scarlets yn bod, ond roedd timau Llanelli, Abertawe, Castell-nedd, Aberafan a Phen-y-bont yn nalgylch yr orsaf. Clybiau rygbi oedd canolfannau cymdeithasol cymunedau, ac yn aml, daeth cystadlu a brwdfrydedd timau mewn ardaloedd cyfagos yn elyniaeth ddiniwed. Prin y byddech yn clywed gair da am ei gilydd ymysg chwaraewyr a chefnogwyr Tre-gŵyr, Waunarlwydd, Casllwchwr, Gorseinon a Phen-clawdd. Ond pan fyddai tîm Cymru yn chwarae, byddai'r cyfan yn dod yn deulu unol ac yn genedlaetholwyr dros dro. Yn ogystal â phêl-droed a rygbi, roedd llu o chwaraeon eraill yn gofyn am sylw, fel criced, hoci, golff, bowls, tennis, gemau dan do, gemau yn ymwneud â'r môr, ac fe gawsom hyd i bobol a oedd yn arbenigo ar yr holl gampau hyn. Yr hyn a oedd yn ddiddorol am y rhain oedd y ffaith nad oedden nhw'n defnyddio'u profiadau darlledu ar Sain Abertawe er mwyn

Ian Killen – Bauer Media

mynd ymlaen i sicrhau gyrfa yn y byd darlledu – pobol fel John Evans, athro Cymraeg o Gwm Tawe, ac Ian Killen, cawr o gymeriad yn gorfforol â phersonoliaeth liwgar. Roedd wedi dod i sylw'r byd rygbi yn y gorllewin fel aelod o res flaen clwb Tre-gŵyr, ac yn un â chanddo enw am chwarae'n frwnt, ond roedd yn boblogaidd iawn.

Cefais fy mherswadio i smalio bod yn greadur bach drygionus ar raglen i blant ar fore Sadwrn. Creadur dychmygol na fyddai neb erioed yn gallu ei weld oedd Mr Ychafi, un direidus a oedd yn hoffi chwarae triciau a thorri ar draws y plant a oedd yn ffonio'r rhaglen i ddweud jôcs. Roedd yn rhaid i mi newid fy llais i greu Mr Ychafi, ac roedd yn denu cannoedd o blant i'w ffonio yn ystod y rhaglenni. Un o'r rhain oedd bachgen ifanc o'r enw Rob Brydon. Hwn oedd darllediad cyntaf y comedïwr a'r actor o Faglan. Daeth antics Mr Ychafi â sylw a dilynwyr iddo ymysg oedolion; hyd heddiw dwi'n gorfod peidio â chwerthin pan fydd pobol yn fy atgoffa o rywbeth a ddywedodd Mr Ychafi, ond heb ddatgelu mai fi oedd y cymeriad.

Roedd ambell un yn hoffi awyrgylch y stiwdio ac yn galw'n rheolaidd am sgwrs. Un o'r rhain oedd Ray Gravell, gŵr hynod o ddiffuant ond a oedd hefyd yn gwbl amheus o'i ddoniau ef ei hun. Rhaid dweud, ac ail-ddweud, ei fod o wedi gwneud yn dda, beth bynnag yr oedd yn ei wneud, o chwarae rygbi i ganu gyda Wyn Lodwick a'i fand. Un arall oedd yr hynod Andrew Bell, gŵr ifanc o Sais a gymerodd i'w ben i ddysgu'r Gymraeg. Gyda'i Gymraeg daeth i astudio ym Mhrifysgol Abertawe gan ddechrau gyrfa ddarlledu ar y radio yn y brifysgol. Byddai'n dod i eistedd gyda mi yn y stiwdio bob nos Lun pan oeddwn yn cyflwyno *Byd yr Opera*. Wedi graddio aeth yn ddarlledwr llawn amser, yn gyntaf gyda Sain Abertawe, yna'n Adran Newyddion y BBC yng Nghymru, cyn mentro i ochr arall y byd lle y daeth yn un o enwogion darlledu yn Awstralia.

Cofio dyddiau da

Roedd Delyth Mai Nicholas a'i brawd, Garry, yn cyfrannu at raglenni Sain Abertawe ar ben eu gwaith bob dydd fel athrawon lleol ...

Mae gen i atgofion melys iawn o weithio yno. Diwedd y 70au o'dd hi a finne yn gwneud fy ymarfer dysgu yng Ngholeg Abertawe ar y pryd. Ro'dd Garry fy mrawd newydd gael slot i gyflwyno rhaglen ysgafn ar nos Fawrth, os cofia i'n iawn, a rhyw ffordd neu'i gilydd fe ges i'r cyfle un noson i fynd i mewn i ddarllen y newyddion.

Ond wow – arhoswch!! Do'dd hi ddim mor syml â hynny! Mewn i'r swyddfa erbyn 5 o'r gloch – derbyn y newyddion o'dd newydd ei gyhoeddi yn Saesneg a'i gyfieithu i'r Gymraeg ar gyfer 7 ac 8 o'r gloch a fyddai'n cael ei gyflwyno wedyn yn ystod rhaglen Garry. Wel am stres. Gorfod cyfieithu termau dyrys a geiriau anodd mewn amser byr – diolch am eiriadur.

Fe gofiaf y bwrlwm heintus yn y swyddfa wrth i finne â 'mhen i lawr wrthi'n canolbwyntio a throsi. Ond fe ddysgodd i mi bwysigrwydd disgyblaeth a meddwl yn gyflym.

Chofia i ddim yn iawn am ba hyd y gwnes i'r gwaith hwn ond digon yw dweud i mi fwynhau'r cyfnod – roedd yn brofiad pleserus a buddiol. Pam? Roedd yn gyfle i ddianc o fywyd a gwaith myfyrwraig a oedd wrthi'n paratoi gwersi ar gyfer disgyblion ysgol. Cefais flas ar fyd darlledu – byd y cefais fy nenu ato droeon, ond heb gymryd y 'naid'. Ac wrth gwrs, fe ddysgais eirfa a thermau o fyd y newyddion na wyddwn am eu bodolaeth cyn hynny.

Ar ben hyn oll cefais gyfle i gwrdd â phobol arbennig – yr annwyl Wyn Thomas (y 'bos'), Siân Thomas, Siân Sutton, y diymhongar Gareth Wyn, ymhlith nifer o bobol hoffus a chyfeillgar eraill.

Ie dyddiau da, dyddiau hapus yr wyf yn eu gwerthfawrogi'n fawr.

'Dyddiau da oedd dyddiau Sain,
Fyth ni anghofiaf y dyddiau rhain.'

Delyth Nicholas

'Ni oedd bia'r donfedd'

Mae Catrin Evans yn uwch gynhyrchydd gyda chwmni Tinopolis ar ôl dechrau ei gyrfa ym myd darlledu gyda'r BBC ...

O bryd i'w gilydd, rwy'n trio amrywio fy siwrnai ddyddiol i'r gwaith yn stiwdio deledu Tinopolis yn Llanelli. Yn hytrach na chymryd yr heol arfordirol gyda'i golygfeydd trawiadol o ogledd Gŵyr fe drof drwyn y car tuag at dref Gorseinon a phasio trwy faestref Pontybrenin.

Ar wahân i'w enw crand, does 'na ddim byd wir yn nodedig am y pentref, ond am gyfnod ar ddiwedd yr 1970au, dyma fyddai cyrchfan fy nhad a fi bob nos Wener wrth iddo fynd i recordio ei ddarllediad rygbi ar gyfer rhaglen fore Sadwrn Sain Abertawe, neu '257 Swansea Sound' fel byddai'r jingl yn clochdar.

Cyfraniad o ryw bum munud fyddai hwn wrth edrych mlaen at gemau'r penwythnos yng nghynghrair uchaf rygbi Cymru. Roedd hyn ymhell cyn dyddiau'r gêm broffesiynol, ac yn ogystal â'r Scarlets, a'r All Whites (Abertawe) a Chaerdydd, roedd 'na dimoedd sydd ag enwau anghyfarwydd i'r rhan fwyaf o ddilynwyr y gêm heddi – Penarth, Heddlu'r De, Crwydriaid Morgannwg a

Maesteg, neu'r 'Hen Blwyf' fel roedd Dadi yn aml yn cyfeirio at y tîm.

Fe fyddai'n paratoi ei sgript yn drylwyr a gallaf ei weld e nawr – ei lawysgrifen daclus, flodeuog braidd, mewn beiro du ar bapur llinellog gwyn; ac yna'n eistedd yn y stiwdio o flaen y meicroffon a recordio'i eiriau yn ei Gymraeg coeth Cwmtawe.

Athro oedd fy nhad, ac yn wahanol i lawer o gyd-athrawon a gweinidogion y cyfnod, doedd ganddo ddim uchelgais yn y byd darlledu. Go brin ei fod yn cael ei dalu am y gwaith; roedd yn ei wneud o ran dyletswydd ac ymroddiad – cyn dyfodiad Radio Cymru – er mwyn clywed y Gymraeg ar y radio yn ei filltir sgwâr.

Fe fyddwn i'n eistedd yno yn y cyntedd yn aros amdano, yn edrych ar luniau'r DJs ar y wal. Roedd y cyfranwyr Cymraeg yn teimlo'n gyfarwydd – pobol fel Richard Rees, Glynog Davies a Wyn Thomas – ond roedd enwau fel Jules Christian a Crispin St John yn teimlo mor egsotig i groten a oedd prin yn un ar ddeg oed.

Rhai blynyddoedd wedyn fe ges i fy

John a Catrin Evans

nghyfle hefyd gan Sain Abertawe – diolch i Siân Sutton a Garry Owen – ac rwy'n sicr fod y wefr gynnar honno o weld golau'r stiwdio yng nghyn wedi fy sbarduno yn fy newis gyrfa yn nes ymlaen.

Diolch i Sain Abertawe am adael i ieuenctid yr ardal wrando ar gerddoriaeth Gymraeg gyfoes, i glywed barn ddiflewyn-ar-dafod pobol yr ardal ar bynciau llosg y dydd, ac am y teimlad o berthyn taw ni oedd bia'r donfedd.

'Rhy goch i radio lleol?'

Wyn Thomas a Rhys Harris, cyn ganwr Y Trwynau Coch, sy'n cofio tamed o hanes ...

Mentrais roi ei raglen ei hun i Aled Glynne Davies bob nos Wener, rhaglen a oedd â phwyslais ar gerddoriaeth pobol ifanc. A daeth *Mynd am Sbin gydag Aled Glynne* yn rhaglen o bwys i'r 'sin Gymraeg'. Rhan o'r rheswm am hyn oedd ei fod yn gallu gwahodd cerddorion i recordio caneuon trwy ddefnyddio offer arbenigol yr orsaf. Roedd y prif beiriannydd wedi mentro gosod peiriannau a fyddai o safon ddigon da i dorri record. I reolau'r IBA yr oedd y diolch am sicrhau digon o gyllid i ganiatáu Aled i ddefnyddio'r offer yma i recordio eitemau ar gyfer ei raglen. Roedd rheolau'r IBA yn llym iawn, a da o beth oedd hynny. Roedd hyn yn gwarchod cerddorion ac yn rhoi cyfle iddyn nhw gyfrannu cerddoriaeth fyw, yn hytrach na recordiau. Gorfodwyd i Sain Abertawe wario 3% o elw'r hysbysebion ar gerddoriaeth fyw. Os nad oedd y cwmni'n cyflawni'r gofynion yma, byddai'r arian yn cael ei roi i'r M.U., sef Undeb y Cerddorion.

Un prynhawn cefais alwad ar y ffôn mewnol – Aled oedd yn gofyn imi ddod i lawr i'r stiwdio recordio i'w helpu gyda phroblem. A dyna gychwyn tamed o hanes a fydd yn aros tra bydd cof am raglenni Cymraeg Sain Abertawe. Derbyniodd grŵp newydd o fechgyn o Ysgol Gyfun Ystalyfera wahoddiad gan Aled i recordio ar gyfer ei raglen. Hwn oedd y cyfnod pan ddaeth cerddoriaeth 'pync' ymysg yr ifanc yn boblogaidd. Rhyw fath o brotest oedd y tu ôl i'r syniad, pobol yn gwrthwynebu gafael y cwmnïau recordio ar bwy ac ar beth a oedd yn cael eu cyhoeddi. Roedd grwpiau yn trefnu ac yn dosbarthu eu gwaith eu hunain heb roi fawr o ystyriaeth i safon eu gwaith. Yn ogystal â dangos eu dirmyg tuag at y sefydliad, drwy eu canu a'u perfformiadau, roedd ymddygiad y grwpiau yn ddigywilydd ac yn anweddus. Digwyddodd yr enghraifft amlycaf o hyn ar deledu byw. Ymatebodd aelod o'r grŵp y Sex Pistols, Steve Jones, y darlledwr Bill Grundy – a fentrodd roi sialens iddo i ddweud rhywbeth anfad – gyda: 'You dirty bastard ... you dirty fucker! ... What a fucking rotter!' Codwyd storm o brotest, ond roedd yn rhywbeth a fyddai'n apelio at yr ieuenctid, a pharhau a wnâi'r diddordeb mewn sefydlu grwpiau anghonfensiynol.

Yn Ysgol Ystalyfera daeth grŵp o fechgyn ynghyd i greu grŵp o'r enw Y Trwynau Coch, ymdrech dila i fod yn sioclyd, a'r gân agosaf at fod yn anweddus oedd cân gyda'r teitl, 'Mynd i'r Capel mewn Levi's', ac un arall â'r enw 'Merched Dan Bymtheg'. Roedd Eurof Williams wedi trefnu i'r grŵp greu record, ac yn anffodus roedd llun ar flaen y clawr yn portreadu 'merched dan bymtheg', llun o ferch ifanc iawn mewn gwisg ysgol ond gyda sgert fer iawn. Pan gyrhaeddodd y grŵp ein stiwdio a dechrau paratoi ar gyfer cael eu recordio aeth pethau yn flêr. Mewn ymdrech i ddangos eu bod yn wir olynwyr i'r Sex Pistols, roedd y bechgyn am ddangos amarch tuag at y gwŷr sain ac at Aled. Wedi eu gweld yn y stiwdio a gwrando ar damed o'r hyn a recordiwyd, penderfynais nad oedd eu hymddygiad na safon eu cerddoriaeth yn haeddu cael rhagor o'n hamser, a gofynnais iddyn nhw adael y stiwdio. Fe es i ymlaen i wahardd chwarae eu record ar raglenni Sain Abertawe, oherwydd eu hymddygiad ac oherwydd y gân 'Merched Dan Bymtheg' a'r modd yr oedd y grŵp yn cyfeirio at ferched o dan oed. Siom oedd eu hymddygiad a'u ffwlbri, a siom hefyd oedd y ffaith fod y band dan reolaeth Eurof Williams, er nad oedd o yno y pnawn hwnnw. Ni fedrech gwrdd â dyn mwy addfwyn a chlên. Y peth nesaf a ddigwyddodd oedd erthygl yn *Y Cymro* am hanes y grŵp. Roedden nhw'n ymffrostio'n yr erthygl eu bod wedi cael eu recordio gan y rhaglen *Mynd am Sbin*. Cysylltais

Merched dan 15, *Y Trwynau Coch – Recordiau Sgwâr*

Wastod ar y tu fas, *Y Trwynau Coch – Recordiau Sgwâr, Eurof Williams*

â'r *Cymro* i ddweud yn union beth oedd wedi digwydd, a dywedais fy mod wedi gwahardd Y Trwynau Coch rhag cael eu record wedi ei chwarae ar yr orsaf. Manteisiodd y grŵp ar y cyhoeddusrwydd a lledaenodd eu

Radio Abertawe 'ddim isio gweld y Trwynau Coch eto'

PERFFORMIAD 'TRYCHINEBUS' A 'DI-CHWAETH'

MEDD Y PENNAETH RHAGLENNI CYMRAEG

Dim ond un o ganeuon y grŵp 'punk' Cymraeg 'Trwynau Coch' a chwaraeir ar y rhaglen 'Mynd am Sbin' ar Radio Abertawe nos Wener — a hynny, yn ôl y Pennaeth Rhaglenni Cymraeg, Mr Wyn Thomas, "fel enghraifft o pa mor drychinebus ydyn nhw".

Cyflwynir y rhaglen

— a fu'n perfformio yn Eisteddfod Wrecsam eleni — i'r stiwdio i recordio rhai o'u caneuon, ond penderfynodd y cynhyrchwyr nad oedd eu perfform-

"O safbwynt cerddorol roedd eu safon yn bur isel hefyd. Roedd yna beirianwyr profiadol yn bresennol yn y stiwdio, a gitarydd proffesiynol, ac roedd

Yn Y CYMRO yr wythnos diwethaf dywedodd rheolwr y Grŵp, Eurof Williams, mai'r Trwynau Coch yw'r peth tebycaf i'r 'don newydd' sydd gen-

foment", meddai.

Bydd y grŵp yn ymddangos ar y rhaglen 'Twndish' ym mis Rhagfyr.

● Bu helynt mewn dawns ym Methesda yn ddiwedd-ar pan ymddangosodd grŵp 'punk' Cymraeg o'r cylch mewn dawns yn ystod 'Gŵyl v Fro'. Enw'r

Y Cymro, 1 Tachwedd, 1977

RHY GOCH I RADIO LLEOL

Y Sosban, Tachwedd 1977

poblogrwydd gyda phobol ifanc. Bu'n rhaid i mi ymddangos ar y rhaglen deledu *Twndish* gydag Eurof Williams. Iestyn Garlick oedd wrth y llyw a bu'n rhaid i mi amddiffyn fy mhenderfyniad. Hyd heddiw, mae rhai yn sicr fod yr

holl beth wedi ei drefnu gan Eurof a minnau i ddod â sylw i'r Trwynau Coch ac i Sain Abertawe, ond ar fy llw, mae'r hanes uchod yn union fel yr wyf i yn ei gofio.

Gwaharddiad Sain Abertawe – 'y peth gorau ddigwyddodd i'r Trwynau Coch' yn ôl y canwr, Rhys Harris ...

Yn 1977 roeddwn yn fyfyriwr yn yr ail flwyddyn ym Mhrifysgol Aberystwyth. Roedd pedwar aelod o'r grŵp, sef Rhodri Williams, Huw Eirug, Aled Roberts a finne, yn Aber, a fy mrawd Alun yn Ysgol Feddygol Cymru Caerdydd. Roedd yr Eisteddfod Genedlaethol newydd fod yn

Wrecsam y flwyddyn honno, a chafodd Y Trwynau Coch dair gig arbennig o dda yng Nghanolfan Gymdeithasol Rhosllannerchrugog, a drefnwyd gan Recordiau Sgwâr, sef cwmni recordiau a sefydlwyd gan Eric Dafydd ac Eurof Williams.

Yn sgil y perfformiadau yn y Rhos, penderfynodd Eurof gynnig ei wasanaeth i ni fel rheolwr, oedd yn dipyn o beth, gan mai Eurof oedd cynhyrchydd y rhaglen radio *Sosban* ar Radio Cymru, sef yr unig raglen

PEIDIWCH A LLOGI NEUADDAU I FUDIADAU CYMRAEG, MEDD CYNGOR WRECSAM

Yn dilyn datgeliad Y CYMRO yr wythnos diwethaf na fydd y grŵp roc o Gwm Tawe, Trwyne Coch, yn ymddangos ar raglen 'Mynd am Sbin', Aled Glynne, ar Radio Abertawe fyth eto, datgelwn na fydd croeso iddynt chwaith mewn rhai neuaddau yng Nghymru — yn sicr ddim yng Nghanolfan Gymdeithasol Rhosllanerchrugog.

Roedd y Trwyne yn un o nifer o grwpiau a fu'n perfformio yn y Ganolfan yn Rhos yn ystod wythnos Eisteddfod Wrecsam, ac o ganlyniad i'r difrod a wnaed, mae Cyngor Bwrdeisdref Wrecsam Maelor wedi ysgrifennu at bob awdurdod lleol yng Nghymru yn eu 'hybuddio o'r hyn sy'n lebyg o ddigwydd os logir neuadd naill ai i Gymdeithas yr Iaith, Mudiad Adfer neu'r cwmni Recordiau Sgwâr.

Amcangyfrifwyd fod difrod gwerth £500 wedi ei wneud i ddodrefn ac offer yn y Rhos a'r rhan helaethaf ohono — £350 — yn ganlyniad y tair noson y bu Trwyne Coch yn perfformio o dan drefniant Recordiau Sgwâr. 'Dim datganiad' oedd ymateb un o reolwyr Recordiau Sgwâr.

Toiledau

Defnyddiwyd y neuadd am ddwy noson gan Gymdeithas yr Iaith ac achoswyd difrod gwerth £12 — oll yn y toiledau. Roedd difrod yr un noson y defnyddiwyd y neuadd gan Mudiad Adfer yn fwy sylweddol — £130.

Dywedodd llefarydd ar ran Cymdeithas yr Iaith y dylid cofio na wnaed difrod ar lawr y ddawns ei hun ac y byddai'n anymarferol osod stiward yn y tŷ bach.

Disgrifiwyd y grŵp fel 'trychinebus' a 'di - chwaeth' gan bennaeth rhaglenni Cymraeg Radio Abertawe, Mr Wyn Thomas.

"Roedd stiwardiaid gennym yn y neuadd bob nos i'u cadw'n drefnus. Doedd yr ychydig difrod a wnaed yn ddim mwy na'r hyn sydd i'w ddisgwyl mewn noson o'r fath. Ymdengys i mi mae ymgais i ddifwyno mudiadau iaith yw cylchlythyr Cyngor Wrecsam. Fe all hyn wneud gwaith Cymdeithas yr Iaith fel prif drefnwyr dawnsfeydd Cymraeg Cymru, yn anos yn y dyfodol," meddai.

Yn un o ddawnsfeydd mawr Cymdeithas yr Iaith y bydd y Trwyne Coch yn gwneud eu hymddangosiad cyhoeddus nesaf — yn y Top Rank, Abertawe, Nos Wener, ac yn ôl y sylw cyflwyno cân newydd o'r enw 'Swansea Sound'.

Rwy'n gobeithio na fyddan nhw'n ymddangos yn unlle yn cynyrchioli 'unrhyw faith o sŵn newydd yng Nghwm Tawe. Dydyn ni ddim isio'u gweld nhw eto', meddai.

Dywedodd rheolwr y Trwyne, Eurof Williams, nad oes dwywaith mai hwy yw'r grŵp y foment yng Nghymru. "Mae'r bois vn byw am heddi ac yn ymateb i ysgogiadau'r foment. Mae caneuon da a gonest ganddyn nhw fel 'Mynd i'r Capel mewn Levis' a 'Brains S.A.' ac mae pobl poeraf o'u geneuau yn boeri dif-geneuau yn boeri dif-ynydd wedi ei. Rocecer rules 'ed" meddai.

Trwyne Coch – ffurfiwyd dros flwyddyn yn ôl ac yn Steddfod Wrecsam eleni y daeth amlygrwydd. Ers hynny mae gan y grŵp reolwr.

Y Cymro, *8 Tachwedd, 1977*

AMDDIFFYN Y TRWYNAU COCH

Hoffwn ddiolch i Wyn Thomas am ei sylwadau dwys a difyr ynglŷn â'r grŵp y Trwynau Coch. Roedd ei ymosodiad yn f'atgoffa o ddarllen y papurau newydd 'nôl yn '66 pan oedd y Rolling Stones yn cael yr un drafferth gyda phobol hyn, nad oeddynt yn deall beth yn y byd oedd yn digwydd na grym y symudiad.

Mae'r un sefyllfa yn bod heddiw — grwpiau ifanc heb ofni'r 'sefydliad' yn mentro 'sgrifennu a chanu caneuon sy'n berthnasol iddyn'nhw a'u cyfoedion.

D'oes dim syndod, felly, i Wyn Thomas ddatgan ei farn mewn shwd ffordd negatif. Cofiwch, gallai ddim cofio ei weld mewn un o ddawnsfeydd y Stranglers na'r Clash yn ddiweddar!

Ond, serch hynny, fe fyddwn i'n meddwl ei fod yn ymwybodol o'r hyn sydd yn digwydd lawr yng Ngorseinon a Swansea "Sownd". Pam oedd y grŵp wedi cael gwahoddiad i'r stiwdio yn y lle cynta', felly? Does bosib os nad oedd y person oedd yn gyfrifol am ofyn iddynt wedi eu gweld yn perfformio ar lwyfan?

Mae'n amlwg nad oedd Wyn Thomas yn un o'r cannoedd a fwynhaodd perfformiadau'r Trwynau yn Eisteddfod Wrecsam eleni — mae pawb oedd yno'n siwr o fod wedi chwerthin 'sbo nhw'n bosto wrth ddarllen fod y grŵp "o safbwynt cerddorol ... bur isel" a chynnwys eu caneuon "yn hollol anweddus a di-chwaeth". Os yw hyn-ny'n wir, 'roedd y cynulleidfaoedd a glapiodd am "encore" gan y grŵp bob nos yn Wrecsam siwr o fod yn fasocistaidd iawn!

Rwy'n gweld y Trwynau yn cynrychioli y don newydd (nid y "sŵn newydd" chwedl Wyn Thomas) hynny yw symudiad o bobol ifanc sy'n ail-ystyried gwerthoedd, safbwyntiau a gonestrwydd — cerddorol a chymdeithasol. Mae'r miwsig yn dystiolaeth i hyn. Rwy'n ymfalchïo yn y ffaith fod gan Gwm Tawe a Chymru grŵp cyfatebol i'r goreu ymysg ton newydd y byd. Mae'n beth mawr nad ydym flyn-yddoedd ar ôl y byd, fel yw arfer Cymru!

Gresyn fod gennym grŵp sy' ar yr un donfedd NAWR a gweddill ieuenctid y byd — y donfedd wrth - sefydliad wrth rheswm, ac yn hynny o beth mae'r sylw a'r cyhoeddusrwydd sydd wedi ei roi i sylwadau Wyn Thomas yn profi fod y Trwynau Coch wedi ennill.

EUROF WILLIAMS,
15 Cresant Pen-cisely,
Llandaf,
Caerdydd.

Y Cymro, *11 Tachwedd, 1977*

radio oedd yn chwarae caneuon cyfoes Cymraeg ar y pryd.

Yn fuan ar ôl i Eurof ddod yn rheolwr, tua dechrau mis Hydref 1977, cawsom gynnig i recordio rhaglen deledu *Twndish* i'r BBC, a sesiwn gyda Sain Abertawe. Aeth y rhaglen *Twndish* allan ym mis Ionawr 1978, ond rhwng recordio'r rhaglen, oedd yn llwyddiannus iawn, a'i darlledu, aethom i stiwdio Sain Abertawe yn Nhre-gŵyr i recordio tair cân ar gyfer y rhaglen *Mynd am Sbin gydag Aled Glynne*. Roedd hyn cyn i ni recordio ein record gyntaf, ac roedd sŵn y band yn eitha amrwd.

Roedd y sesiwn recordio yn dipyn o hunllef. I ddechrau, roedd y peiriannydd sain yn gas iawn wrthym, yn beirniadu'r perfformiad, gan ddweud bod y band yn llac ac offerynnau allan o diwn. Wedyn daeth Wyn Thomas, rheolwr yr orsaf, i mewn yn dweud bod y gân 'Merched Dan 15' yn hollol anweddus. Aeth hi'n dipyn o ffrae, ac fe gerddon ni allan.

Ar y 1af o Dachwedd, 1977, y pennawd ar dudalen adloniant *Y Cymro* oedd, 'Radio Abertawe ddim isio gweld Y Trwynau Coch eto.' Dyma rai o sylwadau Wyn Thomas yn yr erthygl: 'Roedd iaith y caneuon yn hollol anweddus a di-chwaeth', a 'Dyw'r stwff yma ddim gwerth ei alw'n sŵn newydd o gwbl ac rwy'n gobeithio na fyddan nhw'n ymddangos yn unlle yn cynrychioli unrhyw fath o sŵn newydd yng Nghwm Tawe'.

Yr wythnos ganlynol cyhoeddwyd llythyr gan Eurof Williams yn amddiffyn y band, ac roedd llythyron yn ymddangos yn rheolaidd wedi hynny o'n plaid. Cyhoeddodd y *Western Mail* y stori ar y 9fed o Dachwedd, gan gyfeirio at y ffaith bod Cymdeithas yr Iaith wedi ein bwcio ar gyfer gig yn y Top Rank Abertawe, gyda'r pennawd, 'Cymdeithas books radio ban punk group'.

Gwnaeth Radio Abertawe gymwynas a ni – Trwynau

Y Cymro, *22 Tachwedd, 1977*

Rheolwr y 'Trwyne' yn amddiffyn ei grwp

Y Cymro, *3 Ionawr, 1978*

Ar yr 22ain o Dachwedd, ysgrifennodd Hefin Wyn erthygl yn *Y Cymro* o dan y pennawd, 'Gwnaeth Radio Abertawe gymwynas â ni – Trwynau'.

Ym mis Ionawr aethom i stiwdio Spaceward yng Nghaergrawnt am ddiwrnod (ie, un diwrnod!) a recordio a chymysgu pedair cân a *bonus track*, sef 'Swansea Sound' – a oedd yn ddilornus iawn o'r orsaf – ar gyfer ein EP cyntaf, sef *Merched dan 15.*

O edrych yn ôl, roedd gan Wyn Thomas bwynt, ac yn sicr ni fydden ni'n meiddio sgwennu na chanu cân fel 'Merched Dan Bymtheg' heddiw. Ond roedd gweddill y caneuon, fel 'Byw ar arian fy rhieni' a 'Mynd i'r capel mewn Levi's', yn hollol berthnasol i'n cenhedlaeth ni.

Ond un peth sy'n sicr – cael ein gwahardd gan Sain Abertawe oedd y peth gorau a ddigwyddodd i'r Trwynau Coch.

'Bedydd tân' ym myd darlledu'

Siân Thomas

Siân Thomas oedd un o dîm cyflwyno cyntaf S4C. Mae'n dal yn gyflwynydd ar raglen *Prynhawn Da*. Fe ddechreuodd ei gyrfa ddarlledu yn Sain Abertawe.

'Ti ffansi job am gwpwl o wythnosau dros wyliau'r haf?'

Dyna oedd geiriau Colin Stroud oedd yn aelod yng nghapel y Wern, Ystalyfera – capel roedd Dad yn weinidog arno. Roedd Colin yn gyfrifydd yn Sain Abertawe, ac roedd y wraig oedd yn gweithio yn y dderbynfa yno am gymryd gwyliau. Feddyliodd Colin amdana i gan fy mod i wastod yn chwilio am bethe i'w neud!

'Cei di lifft yno gyda fi,' wedodd e – do'n i ddim yn dreifo ar y pryd. A dyna ddechre fy mhrofiad i o weithio yn Sain Abertawe.

Ateb ffôns a chymryd negeseuon oedd y job, ac o'n i wrth fy modd yng nghanol y bwrlwm, ac yn cael cwrdd â'r DJs i gyd. Bydde ambell un yn pico lawr â'i goffi i gael sgwrs, ac un o'r rhain oedd Wyn Thomas – Pennaeth Rhaglenni Cymraeg yr orsaf ar y pryd. Buon ni'n sgwrsio am y byd pop Cymraeg fel yr oedd e bryd hynny, a

Siân Thomas

finne wrth fy modd yn sôn am Edward H, Y Trwynau Coch a Geraint Jarman! Daeth y swydd i ben, ac es inne bant i'r brifysgol yn Abertawe.

Wnes i erioed feddwl am yrfa mewn darlledu – ro'n i isie bod yn archeolegydd, felly roedd yn syrpréis neis iawn pan gefais alwad ffôn gan Wyn, ychydig wythnosau wedyn, yn dweud bod y DJ oedd yn neud y slot nos Wener ar gyfer pobol ifanc yn gadael i fynd i'r BBC, ac yn holi a fydde diddordeb gen i roi cynnig ar neud ei raglen. Y diweddar annwyl Aled Glynne Davies oedd y DJ hwnnw.

Dysgu shwd i holi a phryd i gau 'ngheg mewn cyfweliad!

Gyda hyder rhywun yn ei harddegau hwyr, mi ddwedes, 'Ocê, ga i go arni!'

Cefais fedydd tân! Dwy awr o ddarlledu byw – fi'n cael dewis y gerddoriaeth a pheiriannydd hyfryd o'r enw John Daniels yn gweithio'r ddesg i fi. Ar ddiwedd y ddwy awr dwedodd Wyn, 'Wela i ti wythnos nesa – dy raglen di fydd hi nawr.' A jest fel'na, roeddwn i'n DJ ac roedd fy ngyrfa ddarlledu wedi cychwyn!

Cefais fy hyfforddi i weithio'r ddesg, shwd i giwio recordiau (ie, recordiau oedd bryd hynny!) a shwd i weithio peiriant tâp a *carts* yr hysbysebion. Dysgais i amseru'n iawn, a siarad ar yr awr yn dwt. Dysgais shwd i siarad ar feicroffon, shwd i holi, a phryd i gau 'ngheg mewn cyfweliad!

Roedd cyrraedd y stiwdio ar gomin Gorseinon yn dipyn o sialens ar y dechre – do'n i'n dal ddim yn dreifo. Roedd rhaid cael lifft o'r coleg gan rywun oedd yn byw yng Nghorseinon, ac o'dd Dad yn dod i 'nôl fi ar ddiwedd y rhaglen ac yn mynd â fi 'nôl i'r coleg. A dyna oedd fy nosweithiau Gwener am dair blynedd.

Yn ogystal â gwneud rhaglen, ro'n i'n cael treulio gwyliau'r coleg yno hefyd, yn neud pob math o bethe. Cefais wersi shwd i ddefnyddio Uher –

peiriant recordio tâp, a mynd mas i gasglu straeon newyddion. Gwersi hefyd ar olygu tapiau, gwerthu *air time* hysbysebion, a lleisio rhai ohonyn nhw. Bues i hyd yn oed yn canu ar ambell un, ac ar y jingles hefyd, ac ro'n i'n dda iawn am neud y te! Mi ddysgais fy nghrefft o'r gwaelod i fyny, a chael pob cefnogaeth ac anogaeth gan y criw bach gweithgar oedd yno.

Eisteddfod Dyffryn Lliw

Pan ddaeth yr Eisteddfod Genedlaethol i Ddyffryn Lliw yn 1980, cefais y cyfle i ohebu o'r gweithgareddau nos i bobol ifanc –

Siân Thomas yn Sain Abertawe
Y Cymro, 5 Awst, 1980

nosweithiau fel Jarman a'r Trwynau Coch, a finne wedi dwlu arnyn nhw ers cyhyd! A phan ddaeth y Brifwyl i ben, pori trwy ddegau o oriau o gystadlaethau llwyfan, yn golygu enillwyr lleol i'w darlledu yn ystod rhaglenni'r orsaf. Dyna oedd gwers amhrisiadwy ar shwd i olygu tapie! Roedd cyfnodau cyffrous hefyd pan fydde'r Swans yn neud yn dda, a'r gohebwyr ar y Vetch yn darlledu mewn a mas o'n rhaglen i ar nos Wener, gydag eiliadau yn unig o rybudd. Ro'n i wrth fy modd.

Roedd y gynulleidfa yn wych ac yn gefnogol iawn. Roedd gan Sain Abertawe ffigurau gwrando anhygoel o uchel, a'r rhaglenni Cymraeg nosweithiol yn denu gwrandawyr lu. Prin fod 'na Gymry Cymraeg yn nalgylch yr orsaf o'dd ddim yn gwrando rhywbryd ar *Amrywiaeth* ar Swansea Sound! Roedd yn le gwych i ddysgu'r grefft a chael profiad amhrisiadwy o ddarlledu byw.

Dwedais ar y dechre nad oeddwn wedi ystyried gyrfa mewn darlledu! Ar ôl ychydig fisoedd yn Sain Abertawe, ro'n i'n *hooked*! Roeddwn i isie darlledu, a phe byddai hynny'n bosib, roeddwn i isie cyflwyno!

Roedd diwedd yr 1970au a dechre'r 1980au yn gyfnod tu hwnt o gyffrous yn y byd darlledu Cymraeg. Roedd y frwydr i sefydlu sianel Gymraeg yn poethi go iawn, ac yn ystod fy nghyfnod i yn Sain Abertawe, digwyddodd y tro pedol enwog yna, diolch i waith diflino llu o brotestwyr ac ymroddiad Gwynfor Evans a'i debyg. Roedd sianel Gymraeg yn mynd i fod yn realiti.

Roedd fy nghyfnod yn Sain Abertawe wedi dod i ben wrth i fi adael y coleg – do'dd £5 y rhaglen ddim yn mynd i 'nghynnal i'n anffodus, er mor werthfawr oedd y profiad! Cefais waith am gyfnod byr gyda'r BBC, cyn gweld, ar ddechre 1982, bod S4C, y sianel newydd, yn chwilio am gyflwynwyr. Es i amdani!

Un o gyflwynwyr cyntaf S4C

Doedd gen i ddim profiad teledu, ond roedd gen i flynyddoedd o brofiad o radio byw. Rwy'n siŵr bod cannoedd wedi trio am y swydd, a nifer ohonyn nhw, mae'n debyg, gyda'r un cymwysterau academaidd â fi. Ond gan taw un orsaf radio annibynnol yn unig oedd yng Nghymru ar ddiwedd yr 1970au, nes i Gaerdydd gael ei gorsaf yn 1980, rwy'n siŵr nad o'dd gan fawr neb yr un profiad eang o ddarlledu'n fyw, a hynny trwy gyfrwng y Gymraeg.

Heb os, diolch i'r hyfforddiant, y cyfleoedd, a'r profiadau anhygoel ces i gyda Sain Abertawe, daeth y freuddwyd o gyflwyno fel gyrfa yn wir.

Nid jest cyflwyno chwaith, ond cael fy newis yn un o dri chyflwynydd cyntaf Sianel Pedwar Cymru! Am brofiad, ac am fraint! Ac rwy'n ddigon ffodus i fod yno o hyd ac wedi mwynhau pob eiliad.

Nid fi oedd yr unig un aeth ymlaen o Sain Abertawe i ddilyn gyrfa brysur yn y byd darlledu – rwy'n siŵr cewch rannu profiad ambell un arall yn y gyfrol hon.

Diolch Colin, diolch Wyn, a diolch, diolch Sain Abertawe – am bob cyfle a phob profiad. Fydden i ddim lle'r ydw i heddi hebddoch chi.

Dwy o gyflwynwyr cyntaf S4c – Siân Thomas a Rowena Thomas
Llun o 1982 gyda diolch i S4C

'Campio' yn y stiwdio

Cafodd Rowena Thomas gyfle unigryw i gyfrannu at raglenni Sain Abertawe tra'i bod hi'n athrawes yn un o ysgolion Abertawe. Ac wedyn ymunodd â'r sianel deledu Gymraeg newydd fel un o brif gyflwynwyr S4C yn 1982 ...

Pwy fyddai'n meddwl bod adeilad bach di-nod tu allan i Dre-gŵyr wedi cael sut effaith ar fy ngyrfa i, ac yn wir, ar yrfaoedd nifer o bobol eraill?

Ro'n i'n athrawes yn ardal yr Hafod, Abertawe a chlywais fod yr orsaf radio leol yn chwilio am rywun i gyflwyno rhaglen wythnosol, ddwyieithog, rhwng pump ac wyth o'r gloch bob bore Sul. Toedd fy nosweithiau Sadwrn byth 'run fath wedi hynny! Ac yn sicr, dwi'n cofio codi bob bore Sul am bedwar o'r gloch.

Er mai fi oedd yr unig berson yn yr adeilad yr adeg yna o'r bore, wnes i erioed deimlo'n unig achos 'mod i'n sylweddoli 'mod i'n rhan o gymuned enfawr bro Abertawe. Ac roedd 'na deyrngarwch enfawr i'r orsaf a llwyth o lythyrau a cheisiadau yn cyrraedd bob wythnos.

Ddechrau'r flwyddyn yn 1982 daeth eira mawr a chymaint o bobol yn sownd, yn methu mynd allan o'r tŷ. Bues i, a nifer o weithwyr eraill Sain

Rowena Thomas (Griffin erbyn hyn)

Abertawe, yn campio'n yr adeilad am bron i wythnos, yn darlledu ddydd a nos. Er bod y tywydd yn gwneud pethe'n anodd i lot o bobol yr ardal, yn sicr roedd y teimlad o gyfeillgarwch a chefnogaeth yn rhywbeth wna i fyth ei anghofio. Roedd pobol yn fodlon mentro trwy'r eira ac yn cysylltu i gynnig help i gludo bwyd neu

── SWANSEA SOUND

Six days when Snowline came to the rescue

Western Mail, Hydref 7, 1982

Rowena Thomas

Robin Jones, Rowena Thomas a Siân Thomas

bresgripsiwn – unrhyw beth. A dwi'n cofio criw arbennig iawn o Hell's Angels yn gwneud gwaith anhygoel ar draws yr ardal.

Garry Owen, Siân Thomas, Wyn Thomas, Siân Sutton – rhai o'r enwau cyfarwydd oedd hefyd yn gweithio yn Sain Abertawe'r un adeg â fi – ac fe roddodd y profiad yma yr hwb i mi gymryd y cam nesa yn fy ngyrfa ddarlledu. Oddi yna fe es i a Siân Thomas i fod yn gyflwynwyr cynta S4C, a hyd heddiw, dwi'n dal i weithio yn y diwydiant.

Heb Sain Abertawe faswn i ddim wedi cael y cyffro a'r wefr sy'n dod o ddarlledu'n fyw, a dwi'n dal yn gwerthfawrogi cymaint wnes i ddysgu tu fewn i'r adeilad bach di-nod yna yn Nhre-gŵyr.

Clawr Sbec, *1982*

Dilyn fy nhrwyn!

Siân Sutton

Yn 1979 ges i fy mhenodi yn Gynorthwy-ydd Rhaglenni Cymraeg Sain Abertawe. Roedd y gwaith llawn amser yn ymwneud â phob agwedd o waith yr Adran – o ohebu, darllen bwletinau newyddion a chyflwyno a chynhyrchu rhaglenni gyda'r nos drwy gyfnod pwysig yn hanes Cymru a'r Gymraeg.

Roedd 1979 yn flwyddyn o newid mawr yng Nghymru.

Ar ddydd Gŵyl Dewi pleidleisiodd y Cymry yn erbyn datganoli yn y refferendwm ac ymhen deufis roedd llywodraeth newydd wrth y llyw yn San Steffan. Roedd pennod ddadleuol yn hanes Cymru ar fin ei hagor, dan arweiniad y fenyw gyntaf i ddod yn Brif Weinidog, Margaret Thatcher. Cafodd ei pholisïau ceidwadol ddylanwad enfawr ar bob agwedd o fywyd yng Nghymru.

Ar ddechrau'r cyfnod hwn daeth cyfle i fentro am swydd ar ôl dyddiau coleg yn Aberystwyth a Wrecsam. Roedd clywed hysbyseb am ysgrifenyddes yn Adran Newyddion radio lleol Sain Abertawe yn gyfle i roi'r addysg ar gwrs ysgrifenyddol yng Ngholeg Cartrefle ar waith. Roedd y llaw-fer yn ddefnyddiol am ryw chwe mis a'r teipio yn un o'r sgiliau gorau i mi ei ddysgu erioed. Ond roedd y swydd yn wahanol iawn i'r hysbyseb – yn Gynorthwyydd Rhaglenni Cymraeg Sain Abertawe.

Ers dyddiau ysgol yng Nghwm Tawe, roedd Radio Luxembourg a cherddoriaeth y top 40 ar y BBC yn rhan o'r gwrando cyson. Ac yna daeth sylw i gerddoriaeth Gymraeg gyda'r nos gyda dyfodiad Sain Abertawe a rhaglen *Mynd am Sbin gydag Aled Glynne* ac un arall yn cyflwyno'r siartiau Saesneg yn y Gymraeg.

Wrth gynnig am y swydd agorwyd y drws i her fawr a chyfle unigryw yn ystod cyfnod byrlymus a phwysig yn hanes Cymru a darlledu drwy'r Gymraeg. Dim ond wrth fwrw golwg yn ôl mae sylweddoli hynny gan nad oedd amser i feddwl na phwyso a mesur ar y pryd!

Roedd cyrraedd yr adeilad hynod yn Nhre-gŵyr ar y diwrnod cyntaf yn gam i fyd newydd, cyffrous. Ar y bore hwnnw roedd y gantores Susan Broderick (Sue Roderick) yn recordio yn y stiwdio a'r

Siân Sutton
Y Cymro, 1980

chwaraewr rygbi Ray Gravell ar un o'i ymweliadau cyson â'r lle. Ond doedd dim amser i oedi i wylio'r sêr!

Roedd côr o Bafaria yn ymweld â Chymru ar wahoddiad Côr Treforys ac angen mynd i'w holi yng ngwaith Glandŵr, Abertawe. Roedd pethau'n digwydd yn gyflym iawn ym myd radio lleol!

A gyda pheiriant recordio Uher ar fy ysgwydd a meicroffon yn fy llaw am y tro cyntaf erioed, roedd angen torri'r tâp ar gyfer darlledu eitem yn fyw ar raglen *Amrywiaeth* gyda'r nos.

Dyna her gyntaf dwy flynedd a hanner o brofiadau bythgofiadwy, cyngor gwerthfawr a chefnogaeth ac ymddiriedaeth Pennaeth Rhaglenni Cymraeg yr orsaf, Wyn Thomas.

Dilyn y newyddion

Erbyn wythnos gyntaf mis Awst roedd angen gohebu'n ddyddiol o'r Eisteddfod Genedlaethol yng Nghaernarfon, gan gwrdd â chymeriadau mawr swyddfa'r wasg – Caradog a Mattie Pritchard a'u ci annwyl, Clive Betts o'r *Western Mail* a Cliff 'Ciosc' Phillips o Gwmllynfell – pob un yn barod iawn eu cyngor i newyddiadurwr newydd. Roedd angen treulio dipyn o amser mewn ciosg ffôn ar faes y Brifwyl er mwyn anfon adroddiadau 'nôl i'r stiwdio yn Abertawe – yn Gymraeg a Saesneg!

Ac ymhen dim, cododd y ddadl dros sefydlogi'r Eisteddfod wrth i gyfarfod arbennig gael ei gynnal yn Aberystwyth – pwnc sydd wedi codi'i ben sawl tro ers hynny!

Roedd y llywodraeth Geidwadol newydd yn cyflwyno polisïau a fyddai'n cael effaith enfawr ar waith a chymdeithas yng Nghymru wrth dorri swyddi yn y diwydiant dur a chau pyllau glo, toriadau ariannol i wasanaethau cyhoeddus a'r penderfyniad i beidio sefydlu sianel deledu Gymraeg, er gwaetha'r addewid. Wrth i'r Torïaid gwrdd yn neuadd Patti, Abertawe, roedd torf swnllyd yn cynnwys sawl mudiad, undeb a chymdeithas yno i groesawu Margaret Thatcher. Ac roedd angen casglu cyfweliadau ar gyfer gwasanaeth radio annibynnol IRN yn ogystal â lleol yn Gymraeg a Saesneg.

Yn 1980 cyhoeddodd Gwynfor Evans ei fwriad i ymprydio hyd farwolaeth dros sianel Gymraeg ac roedd Sain Abertawe yn ei chanol hi wrth i gyfarfod cyhoeddus gael ei gynnal yn Abertawe ar ddechrau'r ymgyrch. Yn ddiweddarach ym mis Medi, roedd y rhaglen *Amrywiaeth* yn holi Dafydd Wigley yn fyw ar y diwrnod y cyhoeddodd William Whitelaw ei fod wedi ailystyried ac y byddai rhaglenni Cymraeg yn cael eu darlledu ar un sianel wedi'r cyfan.

Y byd pop Cymraeg

Yn ogystal â'r newyddiaduraeth, roedd cyfle i roi sylw i ddiwylliant Cymraeg bywiog y cyfnod drwy gynhyrchu a chyflwyno dwy awr a hanner o *Amrywiaeth* bob nos Fercher. Roedd y stiwdio yn Heol Fictoria yn gyfle i wahodd artistiaid a grwpiau pop newydd i recordio. Mewn un sesiwn clywyd Meic Stevens yn canu 'Noson Oer Nadolig' am y tro cyntaf, yn ogystal â chaneuon gwreiddiol gan Heather Jones, Tich Gwilym a grwpiau newydd sbon – Eryr Wen, Chwarter i Un, Y Diawled a Crys oedd â'u roc trwm yn her fawr i'r peirianwyr ar y noson!

Er mwyn hyrwyddo gwaith Sain Abertawe a'r byd pop Cymraeg ymhlith bobol ifanc, roedd Disgdaith

Colli Iaith, *Heather Jones*

257 a disgo Sain Abertawe, gyda Lyn Morgan a Wyn Jones fel DJs, yn ymweld ag ysgolion a neuaddau pentre yn nalgylch yr orsaf, gan roi llwyfan i rai o'r grwpiau diweddaraf yn cynnwys Ail Symudiad a Rocyn. Ac yn ystod y cyfnod, gwnaed rhaglen arbennig o noson ola'r Trwynau Coch ym Mlaendyffryn yn Ionawr 1982.

Roedd y gyfres Pobol yn gyfle i gwrdd ag enwogion byd y ddrama neu ganu – Gillian Elisa, Geraint Griffiths, Vernon a Gwynfor, Dafydd Rowlands, Huw Ceredig a John Ogwen o'r Theatr Genedlaethol, a'r genhades a dreuliodd ei bywyd gwaith ym Madagascar, Gwyneth Evans. Roedd lle hefyd i bortreadu gweithgareddau cymdeithasau diwylliannol Cymraeg lleol a hanes capeli a chlybiau rygbi.

Cafodd disgyblion nifer o ysgolion lleol flas ar waith radio drwy'r Gymraeg ar ôl cael gwahoddiad i'r stiwdio i greu rhaglenni adloniant gwreiddiol o safbwynt pobol ifanc. Roedd *Y To Newydd* yn gyfuniad o dalent cerddorion ifanc, trafodaethau am bynciau'r dydd a hiwmor, yn enwedig ar gyfer rhaglen arbennig, *Dwli Dolig!*

Roedd pob un o'r rhaglenni yn adlewyrchiad o fywyd Cymraeg yr ardal a'r brwdfrydedd newydd oedd tuag at bapurau bro (ym mis Rhagfyr 1979 sefydlwyd *Llais* yng Nghwm Tawe), gwyliau gwerin ar hyd a lled

POP DYFFRYN LLIW

UN nos Sadwrn yn yr hydref ym 1974 roedd neuadd Cross Hands yn llawn, a'r gynulleidfa'n aros yn eiddgar i glywed grwp y noson ar lwyfan y Noson Lawen. Grwp o fechgyn a benderfynodd fentro i fyd y nosweithiau llawen yn sgil eu llwyddiant yn Eisteddfod yr ysgol yn Ystalyfera oedd i ymddangos. Ychydig wyddai'r gynulleidfa bryd hynny y byddai'r *Trwynau Coch* yn un o brif grwpiau pop Cymru un dydd.

Dyddiau Cynnar y Trwynau Coch

Gyda dwy record sengl ac un E.P. Coch i'w henw heb sôn am record hir newydd ar gael yn yr Eisteddfod, rwy'n siwr mai chwerthin y byddai'r Trwynau wrth gael eu hatgoffa o'r ddyddiau cynnar yma. Ar y llaw arall, rwy'n siwr y byddent yn cydnabod na fyddent wedi cyrraedd man lle mae nhw heb y gefnogaeth cynnar yma o'r nosweithiau niferus (yn aml yn ddi-dâl) a gafwyd yng Nghwmtawe — yn arbennig yn yr Old Star, Cwmgors.

Y *Trwynau Coch*, y grwp roc-ecer o Gwmtawe, yw'r amlycaf o grwpiau Dyffryn Lliw – cartref yr Eisteddfod Genedlaethol eleni. Ond mae cerddoriaeth o bob math – yn gorau meibion, cerdd dant, canu gwerin a roc yn fyw iawn yn yr ardal yn y Gymraeg a'r Saesneg. Un peth sy'n haeddu sylw yw'r mentr sy'n perthyn i bobl yr ardal.

Mae'r Trwynau Coch yn cyhoeddi eu recordiau heddiw ar label Coch a chyn hynny gyda Recordiau Sgwar yng ngofal *Eurof Williams* (cynhyrchydd Sosban o'r Alltwen, Cwmtawe) ac *Eric Dafydd*. A beth am fentr fawr *Garry Melville*, Craig Cefn Parc a recordiau pwdwr? Brwdfrydedd a pherswad Gary a berodd i'r gân NCB gan y Llygod Ffyrnig ddod i sylw byd eang ar record hir pync. Gary yw rheolwr Crys – y grwp o Resolfen sydd newydd ryddhau record sengl ar label Click. *Geraint Williams*, Ystadgynlais, yw trefnydd Click a chyn hynny label Buwch Hapus a record Trobwll – grwp sydd efallai'n fwy amlwg am ei absenoldeb ar lwyfannau Cymraeg er bod ganddynt ddilyniant brwd o ran yr enw Vortex. Fe fydd *Crys* ar lwyfan sesiwn M.A.C.Y.M, yn yr Eisteddfod. Dechreuodd y grwp ar eu gyrfa Gymraeg drwy recordio sesiwn gyda Sain Abertawe. Yn *Llan-*

elli mae canolfan cwmni recordiau arall – Gwerin. Mae *Dyfrig Thomas* perchennog Siop y Werin yn llenwi bwlch yng y farchnad recordiau ac wedi cyhoeddi nifer o recordiau gwerthfawr gan Eirlys Parry, y Diliau, Pererin ac yn fwy diweddar record hir Jip.

Yr Hen Dabw

Dyna un agwedd ymarferol a mentrus y byd pop yn Nyffryn Lliw. Yn ddiweddar daeth nifer o fudiadau annibynnol i'r amlwg i drefnu adloniant, heb sôn am gyfraniad gweithgareddau codi arian yr Eisteddfod. Bu llawer o'r rhai olaf yn siom edig gyda nifer o ddisgos Saesneg yn cael eu trefnu. Yn anffodus mae'r hen dabw – nad yw'n bosib cynnal disgo Gymraeg – yn dal yn fyw, nid yn unig ymhlith y genhedlaeth hyn ond yn fwy trist ymhlith ieuenctid. Wrth geisio trefnu disgo i Aelwyd yr Urdd yn ddiweddar ges i'r ateb sy'n "smo chi'n erfyn i ni gael disgo Gymraeg?". Erbyn heddiw mae'n haws gwrthbrofi'r amheuon gan ei bod hi'n bosib dawnsio trwy'r nos i gerddoriaeth Cymraeg heb wneud yr un symudiadau i'r un gân drosodd a throsodd. *Ond mae'n dasg anoda ennill poblogrwydd i gerddoriaeth Cymraeg. Nid yn unig ar drefnwyr adloniant yn lleol y mae'r cyfrifoldeb ond ar y cyfryngau sydd mor allweddol wrth ledu diwylliant Eingl Americanaidd. Maent wedi llwyddo disodli'r diwylliant cynhenid wrth anwybyddu datblygiadau cerddorol ar garreg y drws ac edrych i'r gorllewin Seisnig ac Americanaidd. Cam gweddol fychan fyddai rhoi tro ar fyd ond rhaid dymchwel rhwystrau seicolegol ac ofnau ceidwadol y cyflwynwyr a'r cynhyrchwyr cyn y bydd gan gerddoriaeth Cymraeg a Chymreig ei briod le ar ein cyfryngau.*

Diddorol fydd sylwi ar lwyddiant ymgyrch Sain i werthu recordiau a gobeithio y bydd yr Eisteddfod Genedlaethol a'r holl weithgareddau diwylliannol sy'n cysylltiedig â hi yn ennyn diddordeb a fydd yn parhau ar ôl 1980. Fe fydd hi'n bosib i bobl yr ardal gael ail frechiad o'r haint ddiwylliannol ym 1982 yn Abertawe. Mae gan Sain Abertawe hefyd gynlluniau newydd ar gyfer ieuenctid. Fel Sospan, bu'r orsaf yn rhoi'r cyfle i grwpiau newydd ac artistiaid Cymraeg recordio sesiynau ac yn eu plith Heather Jones, Meic Stevens a'r Cadillacs, Chwarter i Un a Crys a ddarlledir ar y rhaglen bop nos Fercher.

Clwb Canu Gwerin Cwmtawe

Fel sonies gynnau mae nifer o fudiadau yn trefnu adloniant yn ardal Dyffryn Lliw. Mae *Clwb Canu Gwerin Cwmtawe* yn cyfarfod yn Nhreforys a'r Alltwen am yn ail ymhlith y gwesteion diweddar bu Derek Brown (ei ymddangosiad cyntaf ar ben ei hun er i Geraint Davies a John Griffiths rhoi eu cefnogaeth.) Meic Stevens yn ystod Ysgol Basg Cymdeithas yr Iaith, Pererin ac artistiaid lleol. Mae amserlen y tymor nesaf yn cael ei baratoi ar hyn o bryd a mae aelodau'r clwb yn gyfrannu at drefnu Gŵyl Pontardawe ym mis Awst.

Nod tebyg i M.A.C.Y.M. sydd gan *MAC (Mudiad Adloniant Cwmtawe)* – creu adloniant tra'n codi arian tuag at wahanol achosion da e.e. Mudiad Gweriniaethol Sosialaidd Cymru, Eisteddfod Genedlaethol Dyffryn Lliw, Mudiad Cymorth i Fenywod. Heather Jones fydd yn canu yn Butchers, Alltwen, nos Wener, Awst 15 – neu nos Wener yr

Fel un sydd yn ymwneud yn uniongyrchol âr byd canu pop yn rhinwedd ei swydd gyda Sain Abertawe dyma adroddiad gan Siân Sutton am sefyllfa y canu pop Cymraeg yn ardal Dyffryn Lliw.

Siân Sutton
Llun gan Phil Morgan, Brynaman.

Wyl Werin ym Mhontardawe.

Adloniant Cymdeithas yr Iaith

Cyn sôn am yr Wyl rhaid cyfeirio at adloniant Cymdeithas yr Iaith yn yr ardal. Un o'r problemau wrth drefnu adloniant yw cael hyd i neuadd neu ystafell addas. *Offer oedd pob ymgais i sicrhau y byddai Chwarter i Un a Doctor yn galw yma ar eu taith diweddar.* Ond fe fydd y grwpiau yn canu yng Nghwesty'r Glanafon, Ynysmeudwy, nos Wener, Awst 29. Mae'r perchennog Mr R. Owen am gyfrannu tuag at y Gymdeithas felly ni fydd yn codi am logi'r neuadd.

Gwyl Werin Pontardawe.

Nawr at yr Wyl Werin ym Mhontardawe – sy'n dod â cherddoriaeth gwerin o bob gwlad i'r Cwm ac yn eu plith nifer o'r prif grwpiau Cymraeg. Yn y drydedd Wyl eleni cynhelir Ymryson y Beirdd, Eisteddfod Dafarn, Cyngerdd Cymraeg gyda Ar Log, Cilmeri, Pererin gyda'r Parch. Elfed Lewis yn arwain. Fe fydd gweithdai Cymraeg ac fe fydd Cwmni Cyfri Tri yn ymddangos ar faes yr Wyl ar farchnad grefftau. (Diwedd yr Hysbyseb).

Croeso i Ddyffryn Lliw.

Gallwn ond obeithio y bydd dyfodiad yr Eisteddfod i Ddyffryn Lliw yn ennyn brwdfrydedd newydd yn y byd pop Cymraeg. Heb amheuaeth mae gweithgareddau Cymraeg ar gynnydd. Wrth sôn am hynny rhaid mynd ati i baratoi ar gyfer y rhaglen pop nos yfory. Fe fydd Peter Hughes Griffiths, Caerfyrddin yn dod i sôn am Cymru'n Canu – a dawnsfeydd Mudiad y Ddraig Goch yn y Top Rank, Tegid _ Dafis am Twrw Tanllyd a Phenclawdd, Delyth Evans, aelod y grwp Cromlech yn siarad am y record hir newydd gan Crys, Trydan, Clustiau Cŵn a Geraint Jarman. Heb os nac onibai mae'r Eisteddfod yn dod â bwrlwm o Gymreictod i'r Dyffryn. *Croeso i Ddyffryn Lliw, Sgrechwyr Cymru, a beth am aros neu ddychwelyd i ben ucha'r cwm ar gyfer yr Wyl Werin ym Mhontardawe?*

Siân Sutton.

Erthygl Siân Sutton yn Sgrech – rhifyn Eisteddfod Dyffryn Lliw, 1980

Nosweithiau Gwobrau Sgrech

Yn 1983 noddwyd tlws Record/ Casét Hir Orau'r Flwyddyn gan Sain Abertawe a'r enillydd oedd 'Allan o Diwn' – Y Ficar. Ac yn 1984 noddwyd tlws Prif Grŵp Roc pan enillodd Maffia Mr Huws.

'Yr hyn dwi'n ei gofio am Sain Abertawe oedd yr holl gyffro a bwrlwm oedd yn perthyn i'r orsaf ar y pryd,' meddai Golygydd Sgrech, Glyn Tomos.

'Cyflwynwyr a chynhyrchwyr brwdfrydig a gyfrannodd yn helaeth at lwyddiant y sîn adloniant Cymraeg. Roedd hyn yn hwb mawr i werthiant Sgrech yn ysgolion yr ardal. Gorsaf gwerth chweil mewn cyfnod cyffrous.'

Cymru – o Bontardawe i ŵyl y Cnapan yn Ffostrasol a Gŵyl Werin Geltaidd Dolgellau – noson wobrwyo *Sgrech* yng Nghorwen, yn ogystal â nosweithiau pop. Dyma ddatblygu'r gwasanaeth newyddion a cherddoriaeth newydd Cymraeg i wrandawyr y dalgylch o Ben-y-bont ar Ogwr i Sir Benfro.

Sylw cenedlaethol

Yn ystod y cyfnod hwn roedd yr orsaf radio annibynnol yn denu sylw'r cyhoeddiadau Cymraeg cenedlaethol – *Y Cymro, Sgrech, Pais* a'r *Faner* – yn ogystal â'r papurau bro lleol. A'r trobwynt oedd cynnal yr Eisteddfod Genedlaethol yn Nyffryn Lliw; roedd Sain Abertawe yn cyrraedd y llwyfan cenedlaethol.

Roedd Eisteddfod 1980 yn cael ei chynnal ar safle oedd y drws nesaf i stiwdio Sain Abertawe ac yn torri tir newydd drwy ddarlledu seremonïau'n fyw o'r llwyfan gyda rhaglen ddwyawr bob nos o bigion y cystadlu a phynciau trafod gyda'r hwyr. Roedd tîm brwdfrydig ymhlith cyfranwyr cyson rhaglenni Sain Abertawe – Willie Bowen, Garry a Delyth Nicholas, Goronwy Evans, Ifor ap Gwilym, Siân Thomas, Gareth Wyn Jones – pob un yn weithgar a brwdfrydig wrth gyfrannu at gyfoeth y rhaglenni. Ac roedd yr arbrawf arloesol o ddarlledu *Lliw Nos* bob nos gyda Siân Lloyd a Lyn Morgan yn llwyddiant ysgubol wrth drafod gweithgarwch pobol ifanc a cherddoriaeth yr Eisteddfod.

Un arall o uchafbwyntiau fy nghyfnod oedd paratoi cyfres am yr ieithoedd Celtaidd ar drothwy cyhoeddi canlyniadau Cyfrifiad 1981. Roedd yn gyfle i ddysgu mwy am fywyd a gwaith drwy'r ieithoedd Celtaidd, pwyso a mesur llwyddiant yr ymdrechion a dysgu gwersi er mwyn sicrhau eu dyfodol. Yn Llydaw, roedd y mudiad Diwan newydd gael ei sefydlu

Pais, *Chwefror 1980*

Sylw i ferched Sain Abertawe yn Pais

Sgrech, *Rhifyn Steddfod 1980*

Y Cymro, *5 Awst, 1980*

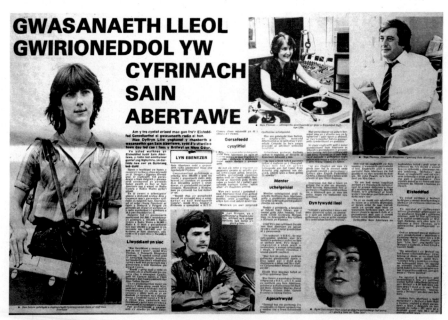

Cyflwynwyr Sain Abertawe yn Eisteddfod Dyffryn Lliw – Y Cymro, 5 Awst, 1980

i greu ysgolion meithrin, ymgyrch i gael rhaglenni Llydewig ar gychwyn, a daeth cyfle i holi'r ymgyrchydd iaith, Pêr Denez, a'r bardd, Youenn Gwernig. Yn yr Alban er bod Gaeleg yr Alban (Gàidhlig) yn rhan o fywyd y Kirk yng Nghaeredin a'r Mod yn Glasgow, roedd ar ei gryfaf, fel heddiw, yn yr Ucheldiroedd a'r Ynysoedd. Wrth deithio o'r tir mawr o Ullapool i Stornoway ar Ynys Lewis roedd teuluoedd Gaeleg eu hiaith yn pryderu am effaith llwyfan olew yn y porthladd a'i weithwyr ar yr ardal a'u hiaith.

Yn Iwerddon roedd polisi'r llywodraeth o warchod Gaeleg (Gaeilge) yn amlwg wrth ymweld â Gaeltacht An Spideal, Connemara, wrth i'r awdurdodau fuddsoddi yn economi'r ardal ac Ynysoedd Aran, yn ogystal â sicrhau statws swyddogol i'r Aeleg yn yr ysgolion. Roedd y rhaglenni yn trafod ac yn cymharu bywyd yr ieithoedd Celtaidd – gan gynnwys Cernyweg, Manaweg a'r Gymraeg – yn ystod cyfnod arbennig. Roedd edmygedd ymhlith y siaradwyr bod radio lleol ar gael drwy'r Gymraeg yng Nghymru. Paratoi'r rhaglen *Ar Drothwy'r Cyfrifiad* yn 1981 yn Gymraeg a Saesneg oedd tasg olaf fy nghyfnod yn Sain Abertawe.

Ym mis Ionawr 1982, daeth cyfle i ymuno â thîm *Newyddion Saith* y BBC

LLEISIAU LLIW

CYMANFAOEDD CANU GŴYL Y CYHOEDDI

Lleisiau Lliw – *Swan Records*

i baratoi at sefydlu gwasanaeth newyddion Cymraeg ar S4C.

Colli cyfle

Roedd gweithio i Sain Abertawe yn gyfle i ddysgu crefft, mentro ac weithiau, dysgu drwy gamgymeriadau. A thrwy'r gwaith caled cael cwmni gwrandawyr ffyddlon a chydweithwyr brwdfrydig oedd yn aml yn gweithio am ddim dros y Gymraeg.

Mewn cyfnod o newid yng Nghymru, rhwng 1979 ac 1982, roedd y Gymraeg i'w chlywed ar fwletinau newyddion a rhaglenni amrywiol, a'r byd pop Cymraeg yn cael ei hyrwyddo i DJs Saesneg yr orsaf ac yn ogystal â chanu gwerin drwy gyfrwng y gyfres ddwyieithog, *Gwin Cartref*. Yn bennaf roedd radio lleol ar y pryd yn rhoi'r rhyddid i arbrofi, i ddilyn greddf ac i roi cynnig ar greu amrywiaeth o eitemau a rhaglenni. Roedd y cyngor yn y dyddiau cynnar yn amhrisiadwy – siarad ag un person wrth ddarlledu tu ôl i'r meicroffon a pheidio byth a siarad dros eiriau'r caneuon!

Roedd radio lleol yn feithrinfa unigryw ar y pryd i nifer o newyddiadurwyr a darlledwyr ar ddechrau eu gyrfaoedd. Gyda diflaniad Sain Abertawe a gwasanaethau radio lleol eraill, mae'r cyfle i hyfforddi, arbrofi a dysgu drwy brofiad wedi mynd. Ond yn bwysicach na hynny oedd y gwasanaeth oedd a'i wreiddiau yn lleol gyda phwyslais ar gynnig gwybodaeth, adloniant a cherddoriaeth. Roedd lleisiau ac acenion lleol yn bwysig wrth i wrandawyr gael cyfle i gyfrannu at y rhaglenni i leisio barn ar bynciau bach a mawr y dydd.

Roedd rheolau'r IBA yn sicrhau amrywiaeth y gwasanaeth a lle canolog i'r Gymraeg ar yr orsaf. Ar y pryd, roedd disgwyl i 13% o'r rhaglenni fod yn Gymraeg. Ond lleihau wnaeth y cyfraniad a'r naws lleol dros y blynyddoedd wrth i gwmnïau darlledu mawr weld eu cyfle i elwa'n fasnachol a rhoi mwy o bwyslais ar gerddoriaeth.

Ac wrth i Sain Abertawe ddod i ben fel gorsaf radio leol, mae'n gyfle i ddiolch am y cyfle a'r rhyddid i ddilyn fy nhrwyn ac am yr atgofion!

Cyffro'r byd pop Cymraeg

Mae Walis George yn cofio'r cyffro wrth gyfrannu at raglenni Sain Abertawe ac wrth drefnu nosweithiau i'r bandiau Cymraeg yn yr ardal ...

Bu 1974 yn bwysig i mi mewn sawl ffordd – cyrraedd fy mhen-blwydd yn 14 oed, profi gig Edward H am y tro cyntaf (ac yfed dan oed!) a dathlu tîm rygbi'r Scarlets yn ennill Cwpan Her Schweppes am yr ail dymor yn olynol. Carreg filltir arall oedd lansiad Sain Abertawe, gorsaf radio leol annibynnol a oedd yn cynnig gwasanaeth dwyieithog ar draws y de-orllewin.

Er mai Cymraeg oedd iaith yr aelwyd yn Llanelli, Saesneg oedd iaith Ysgol Ramadeg y Bechgyn a llawer o fy mywyd cymdeithasol ar y pryd. Roeddwn i'n wrandäwr cyson ar yr *hits* Eingl-Americanaidd diweddaraf ar BBC Radio 1 a Radio Luxembourg, ond doedd y rhaglenni prin yn y Gymraeg ar radio'r BBC (cyn dyfodiad Radio Cymru yn 1977) ddim yn apelio ataf.

Roedd ymrwymiad Sain Abertawe i ddarparu rhaglenni Cymraeg am ddwy awr a hanner bob dydd yn gam pwysig ymlaen o ran darlledu yng Nghymru. Yn fuan iawn roeddwn yn wrandäwr selog i raglenni Cymraeg a Saesneg yr orsaf. Sefydlwyd perthynas gref gyda'r

Walis George

gwrandawyr o'r cychwyn cyntaf. Recriwtiwyd gohebwyr a chyflwynwyr lleol, gan gynnwys sawl llais a wyneb a ddaeth yn gyfarwydd yn ddiweddarach i wrandawyr Radio Cymru a gwylwyr S4C. Roedd clywed y cyflwynwyr yn siarad yn nhafodieithoedd Llanelli, Abertawe, Cwm Gwendraeth, Dyffryn Aman a thu hwnt yn beth mawr.

I mi, y peth gorau am Sain Abertawe oedd y sylw i gerddoriaeth Gymraeg gyfoes. Roedd ffresni a bywiogrwydd rhaglenni fel *Mynd am Sbin gydag Aled Glynne* yn torri tir newydd yn y Gymraeg, gan ddilyn arddull debyg i raglenni poblogaidd ar Radio Luxembourg. Cafodd llawer o grwpiau ifanc, yn cynnwys Llygod Ffyrnig, Y Trwynau Coch, Eryr Wen a Crys, eu cyfleoedd cyntaf i recordio a darlledu eu caneuon yn stiwdio Sain Abertawe yn Nhre-gŵyr.

Fodd bynnag, nid oedd y berthynas rhwng yr orsaf a phob grŵp bob amser yn fêl i gyd. Gwaharddwyd record gyntaf Y Trwynau Coch, 'Merched Dan Bymtheg', gan fod y geiriau yn 'anweddus' yn ôl y Pennaeth Rhaglenni Cymraeg. Cododd yr anghydfod broffil cyhoeddus y grŵp a dywedir ei fod wedi rhoi hwb sylweddol i werthiant y record!

Ar lefel bersonol, dwi'n cofia'n dda y cyffro (a'r nerfau) ar adegau pan es i mewn i'r stiwdio yn yr 1970au hwyr, fel arfer i hybu gigs Cymdeithas yr Iaith. Yn y cyfnod hwn trefnais gig Edward H. Dafis ym mhentref Pontyberem lle gwelais â'm llygaid fy hun bwysigrwydd yr orsaf fel ffynhonnell i hybu'r sin roc Gymraeg. Cefais fy syfrdanu gan yr ymateb i'r gig ymhlith fy nghyfoedion yn Llanelli. Roedd cymaint o ddiddordeb fel y daeth dau lond bws o'r dref, gan gynnwys nifer fawr oedd yn ddi-Gymraeg yn mynychu gig Gymraeg am y tro cyntaf erioed.

Wrth edrych yn ôl gallaf werthfawrogi'r dylanwad a gafodd Sain Abertawe ar godi ymwybyddiaeth o'r Gymraeg fel iaith naturiol y gymuned a normaleiddio ei defnydd, yn enwedig ymhlith gwrandawyr ifanc. Erbyn hyn, deallaf hefyd y dylanwad cadarnhaol a gafodd yr orsaf ar fy neffroad fel Cymro Cymraeg yn ystod fy arddegau.

Diolch am bopeth, Sain Abertawe.

Dyddiau roc a rôl

Roedd sesiwn recordio yn stiwdio Sain Abertawe yn 1979 yn ddechrau ar gyfnod newydd i'r band Crys o Resolfen, yn ôl Scott Forde ...

O'n i wastad yn chwarae gitârs pan o'n i'n grwt ifanc iawn, ac yn sgrifennu caneuon pan o'n i'n rhyw wyth i ddeg oed! Pan o'n i'n 13 a Liam yn 15 wnaethon ni sesiwn 'da John Daniels – oedd yn rhywbeth i'w neud â dyddiau cynnar Swansea Sound. Wnaethon ni recordio sesiwn yn ei stiwdio mewn carafán yn yr ardd yn Resolfen lle'r o'n i'n byw. Fi'n credu aethon ni i mewn i'r hen dŷ bach yn yr ardd!

Ro'dd hyn cyn Salic Law a phan o'n i, Liam, Alun Morgan a Mike yn neud covers Led Zepp, Status Quo ac ACDC

Lan yn y Gogledd, *Crys – Recordiau Click 1980*

ac yn neud tafarnau yng Nghastell-nedd, Abertawe, y Copperman's Arms, Waun-wen, a sawl gig yn y brifysgol yn Abertawe.

Ac yn 1979–80 o'n i'n chwarae fel Salic Law mewn gig yng Nghlwb Rygbi Gurnos, Ystradgynlais, yn *support* i Vortex yn Saesneg ac a wnaeth ambell gân Gymraeg wedyn dan yr enw Trobwll.

Yn yr *audience* y noson honno o'dd Gari Melville a Geraint Williams, ac o'n nhw'n gwybod bod fi a Liam yn gallu siarad Cymraeg. Dyma nhw'n dweud, '*Look boys*, chi'n dda iawn – rhai caneuon chi a cyfyrs. Os y'ch chi moyn lyrics Cymraeg, mynd mewn i stiwdio a neud sengl a gewn ni sesiynau ar Radio Cymru a Swansea Sound ac HTV.' A fel'na wnaeth pethau ddigwydd ...

Fe ddaeth sengl 'Lan yn y Gogledd' a 'Cadw Symud' ar eu label nhw, Click Records, yn 1980, wedi'u recordio yn stiwdio Pete King yn Abertawe. Wnaeth Crys ddechrau o'r gig yn Gurnos ac aethon ni o Salic Law i Crys!

Gig bwysig iawn arall oedd neud *support* i Edward H adeg Eisteddfod Dyffryn Lliw yn 1980. Y noson honno o'dd un o'n gigs cynta ni yn y Gymraeg yn yr Eisteddfod. A daeth Cleif a Dewi draw ar ôl i ni ddod off a dweud, 'Thank you very much, boys, you buggers! You've made it hard for us now. What do you think you're doing?' Rhywbeth fel'na, o'dd yn grêt. Eto, o'dd e'n bwysig iawn i ni ...

Pam yr enw Crys?

O'n ni ar y ffordd i ryw gig a Mam yn gofyn, 'Wyt ti moyn preso crys?' Ond o'dd pob band Cymraeg ag enw hir ac o'n ni moyn enw byr fyddai pobol yn ei gofio a dim enw hir fel Geraint Jarman a'r Cynganeddwyr.

Beth o'n ni'n moyn neud oedd rhoi sioe mla'n ... i roi lot o arian ar *light*

Crys ar lwyfan. Llun: Gerallt Llewelyn

show, sound show, PA system ein hunain, a bois roadies ar y goleuadau a sain i ni. O'n ni moyn swnio'n grêt ac edrych yn grêt! Roedd stage gear 'da ni – do'n ni ddim jest yn mynd mla'n mewn jîns a chrys denim – o'n ni gyd yn gwisgo trowsus lledr – o'dd eitha buzz am Crys ...

Yn y dyddiau cynnar o'dd Eisteddfod Dyffryn Lliw, switch over o Salic Law i Crys a sesiynau yn Swansea Sound ... i gyd yn ein siapo ni fel band..

O'dd e'n grêt yn Swansea Sound – popeth yn broffesiynol ac ro'dd e'n stiwdio radio go iawn. Fi'n cofio meddwl, dyna beth o'dd neud seisynau ... sound checks o bob drwm a bas, pob gitâr ... a take one, take two ... ro'dd yn rhywbeth newydd i ni i gyd. Ro'dd e'n exciting tu hwnt i fod mewn stiwdio radio. Ac interview hefyd, 'O waw!' ac wedyn, clywed y sesiwn yna ar y radio. O'dd chwarae ar y radio yn grêt ...

Fi'n meddwl, se fe ddim am y steps wnaethon ni yn stiwdio John Daniels yn Resolfen, sesiwn Swansea Sound, Eisteddfod Dyffryn Lliw ac Edward H ... 'na'r pethe wnaeth ein helpu ni ar y ffordd i'n neud ni'n fwy ... dim dowt o gwbwl ... achos wedyn daeth y Pendoncwyr ac aeth popeth yn boncyrs.

Cyffroi Crymych

Roedd Eirian Evans yn un o wrandawyr selog Sain Abertawe ym mhen draw Sir Benfro a gweithgarwch Asgell Addysg Bellach y Preseli yn cael sylw cyson.

Yn yr 1980au, trwy ryw rhyfedd wyrth, roedd Sain Abertawe'n cyrraedd Blaen-ffos (ger Crymych) lle'r oeddwn yn byw, ond yn anffodus ddim bob nos, efallai'n dibynnu ar y tywydd/pa ffordd oedd y gwynt yn chwythu! Nid wyf yn gwybod pam oedden ni yn ein cartref yn gallu clywed gorsaf Sain Abertawe gan nad oedd nifer o fy ffrindiau ysgol yn ei derbyn.

Roeddwn yn mwynhau gwrando ar

Eirian Evans (John gynt)

Eirian a'i ffrindiau,
Jill Lewis a Rhinedd Williams,
yn paratoi i fynd mas

raglen Siân Thomas oedd yn chwarae recordiau Cymraeg gyda'r nos gan nad oedd llawer o raglenni cerddoriaeth bop Gymraeg ar gael ar y pryd. Roedd *Sosban* ar Radio Cymru ar fore Sadwrn, ond dim byd yn y nos ar ôl ysgol.

Wnes i ddanfon llythyr (dim tecst na WA bryd hynny) i'r rhaglen yn sôn am fand newydd o'r ardal o'r enw Y Diawled (cyd-ddisgyblion ar y pryd yn Ysgol y Preseli), a gofyn a fyddai modd rhoi mensh iddynt. Rwy'n cofio gwrando ar y rhaglen ar ôl danfon y llythyr a'r llythyr yn cael ei ddarllen mas, gyda Siân yn ffaelu credu bod signal Sain Abertawe'n cyrraedd mor bell.

Mae gennyf frith gof bod y band

Y Diawled
Llun: Meirion Davies, brawd dau o aelodau'r band

Y Diawled ar ôl ennill gwobr Grŵp Mwyaf Addawol Sgrech 1982

wedi cael cyfweliad ar y rhaglen ac roeddent yn falch o'r sylw a gawsant er mwyn ehangu'r wybodaeth amdanynt i gynulleidfa newydd oedd yn gwrando ar Sain Abertawe ymhell o'r Preseli.

Yn ystod yr 1980au cynnar roedd Sain Abertawe wedi trefnu taith ysgolion gyda'r Trwynau Coch a bues i'n rhan o'r trefnu i'w cael nhw i ddod i Ysgol y Preseli. Roedd cael Y Trwynau Coch i ddod i'r ardal yn gyffrous iawn, a gan mai Sain Abertawe oedd yn noddi'r daith, roedd modd i fand fel y Trwynau ddod i ardal wledig heb gostau mawr.

Roedd Des Davies a Kevin Davies yn flaengar iawn yn hybu grwpiau yn y Fro a'r Asgell Addysg Bellach y Preseli, ynghyd â Richard a Wyn Fflach. Mae'n ofnadwy meddwl ein bod wedi colli Kevin, Wyn a Richard.

Roedd bwrlwm *Pop* yn eang iawn yn yr ardal a diolch yn fawr ar y pryd i'r nifer a wnaeth hybu ysgolion roc, gigs a rhoi platfform i gymaint o fandiau ifanc gael y cyfle i recordio yn stiwdio Fflach. Gallaf enwi nifer ond gwell peidio, rhag ofn imi adael rhywun allan!

Yr Eisteddfod 'drws nesaf'

Wyn Thomas

Roedd Eisteddfod Genedlaethol 1980 yn gyfle i'r orsaf radio annibynnol ddangos ei gwerth ar lwyfan cenedlaethol ac, yn ôl Wyn Thomas, i dorri tir newydd ym myd darlledu Cymraeg ...

Pan ddaeth y newyddion y byddai'r Eisteddfod Genedlaethol yn dod i Ddyffryn Lliw yn 1980, roedd yna gyfle i ni yn Sain Abertawe fod yn rhan o'r achlysur, ac yn gymorth i ddathlu Prifwyl ein gwlad, a chyfle hefyd i ddangos yr hyn y gallai radio lleol ei gyfrannu i'r gymdeithas. Yn wahanol iawn i'n profiad ni yn Aberteifi, byddai Eisteddfod 1980 ar drothwy ein drws, tua milltir i ffwrdd, ar hen safle gwaith dur Elba yn Nghre-gŵyr. Bu Glynog Davies a minnau yn aelodau o'r pwyllgor gwaith, a minnau'n gadeirydd y pwyllgor cyhoeddusrwydd. Roedd yn naturiol, felly, imi drefnu bod gweithgareddau'r gwahanol bwyllgorau yn cael cyhoeddusrwydd ar ein rhaglenni. Roedd pob digwyddiad ac apêl yn cael sylw, ac ar ben hynny, roedd y trefnwyr, Idris Evans a'r (Parchedig erbyn hyn) Ifor ap Gwilym, yn cael cyfle bob wythnos i ddarlledu a thrafod y digwyddiadau a oedd yn ymwneud â'r trefniadau. Roedd gorfodaeth ar y cwmni i hybu cerddoriaeth fyw ac roedd hyn yn caniatáu i'r Pennaeth Newyddion, David Thomas, a oedd â diddordeb mawr mewn cerddoriaeth glasurol, i sefydlu Cerddorfa Sinfonia Sain Abertawe, dan arweiniad y diweddar John Jenkins. Bu'r gerddorfa yn cynnal cyngherddau poblogaidd yn Neuadd y Brangwyn, ac mewn gwyliau fel Gŵyl Abertawe. Hefyd, fe lwyddodd y cerddor talentog, ac un o'n cyflwynwyr, Griff Harries, i ddenu digon o gerddorion i ffurfio'r Swansea Sound Big Band. Roedd eu cerddoriaeth wrth fy modd oherwydd fy nghariad at oes y Big Bands a phobol fel Harry James a Glenn Miller. Bûm yn chwarae'r trwmped mewn band dawns fy hun am gyfnod, ond daeth y cyfan i ben wedi imi wneud sŵn fel buwch yn diodde o wynt drwg wrth ganu'r corn gwlad yn Eisteddfod Dyffryn Ogwen.

Erbyn mis Mai 1979 roedd Colin Mason wedi gadael Sain Abertawe, ac yn ei le daeth David Lucas a oedd wedi gweithio yng ngorsaf Capital yn Llundain. Roedd David yn ddyn gwahanol iawn i Colin Mason. Cymerai ddiddordeb yn nhraddodiadau ac arferion yr ardal, a sylweddolai yn anad neb gymaint y dylai'r orsaf ei wneud i ddiogelu'r iaith a'r diwylliant Cymraeg.

SAIN ABERTAWE RADIO ANNIBYNNOL YN NE-ORLLENIN CYMRU

241,000 o Oedolion yn gwrando
Bob Wythnos
Yr orsaf fwyaf poblogaidd
yn yr ardal.

CROESO I DDYFFRYN LLIW

RHAN O DDALGYLCH SAIN ABERTAWE

Heol Victoria Tre-Gwyr Abertawe
Ffôn (0792) 893751

RADIO ANNIBYNNOL YN NE-ORLLEWIN CYMRU YN DARLLEDU AR

257 medr ar y donfedd ganol
(1170 kHz)
95.1 ar yr amledd uchel iawn

RHAI O'R CYFLWYNWYR CYMRAEG

WYN THOMAS
Pennaeth Rhaglenni Cymraeg Sain Abertawe ers pan agorwyd yr orsaf ym 1974.

SIÂN SUTTON
Brodor o'r Allwen ger Pontardawe. Cyflwynydd a chyflwynydd rhaglenni Cymraeg fel "Amrywiaeth", "Pobl", a "Llais Abertawe".

SIÂN THOMAS
Un o ferched Ystalyfera a chyflwynydd "Canu Mawr" a rhaglen "Amrywiaeth" nos Wener.

WILLIE BOWEN
Athro Ysgol o Bynea, Llanelli a chyflwynydd poblogaidd "Amrywiaeth" nos Iau a "Difyr Donc" nos Sul.

RHAGLENNI RHEOLAIDD SAIN ABERTAWE

DYDD LLUN-DYDD GWENER

05:00	The Stuart Freeman Breakfast Show
08:00	Newswatch
08:12	The Stuart Freeman Breakfast Show
09:00	The Steve Dewitt Morning Show
13:00	Newswatch
13:15	Afternoon Delight
	(yn cynnwys Newyddion "Llais Abertawe" am 15:00)
17:00	257 Today, news magazine
18:00	Special Feature Programmes
18:30	Amrywiaeth. Rhaglen gylchgrawn Gymraeg
21:00	Specialist Music
22:00	The Late Show
	Newyddion ar yr awr a "Cymry Newydd" am 07:15, 10:15 a 23:25.

DYDD SADWRN

05:00	The Bob McCord Breakfast Show
08:00	99 Bonk. Children's Programme

09:00	The 257 Countdown
12:00	From Me To You
14:00	257 Sport
17:00	Sports Chat
18:00	Department of Youth
22:00	Eddie Escott's Old Gold

DYDD SUL

05:00	Cysylltiad Cymraeg
07:00	Over the Five Bar Gate for farmers
07:30	Cysylltiad Cymraeg
08:00	Songs for Sunday
09:00	The Sunday Show
10:00	The Sunday Line
10:30	The Sunday Show
12:00	From Me To You
14:00	The People's Choice
18:00	Male Voices
19:00	Difyr Donc
20:00	The Evening Service
20:30	Difyr Donc
22:00	The Late Show

RHAGLENNI ARBENNIG O'R EISTEDDFOD

DYDD SADWRN, AWST 2il

09:00	Agor y Brifwyl
14:30	Seremoni Groesawu
18:00-20:00	Amrywiaeth y Brifwyl
00:00-05:00	Lliw Nos. Miwsig i'r Ifanc

DYDD SUL, AWST 3ydd

20:00	Gwasanaeth Undebol
00:00-05:00	Lliw Nos. Miwsig i'r Ifanc

DYDD LUN, AWST 4YDD - DYDD SADWRN, AWST 9FED.

18:00-21:00	Amrywiaeth y Brifwyl
00:00-05:00	Lliw Nos. Miwsig i'r Ifanc

DYDD SUL, AWST 10 FED

20:00	Cymanfa Ganu
00:00-05:00	Lliw Nos. Miwsig i'r Ifanc

Ynghyd â'r rhaglenni arbennig yma bydd SAIN ABERTAWE yn cyflwyno adroddiadau o brif seremoniau'r Wyl. Gwrandewch hefyd ar SAIN ABERTAWE am adroddiadau o'r Eisteddfod bob awr o'r dydd. Bydd yr orsaf yn darlledu canlyniadau, adolygiadau, adroddiadau am ddigwyddiadau y Brifwyl, YNGHYD ag adroddiadau gan yr heddlu am gyflwr trafnidiaeth ar ffyrdd yr ardal.

SAIN ABERTAWE
21 AWR Y DYDD O DDARLLEDU YN CANOLBWYNTIO AR EISTEDDFOD DYFFRYN LLIW.

Taflen gyhoeddusrwydd Eisteddfod Dyffryn Lliw

Fe sylweddolodd fod yr Eisteddfod Genedlaethol yn uchafbwynt y bywyd Cymreig, a bod yr achlysur hefyd yn gyfle i ddod â sylw'r genedl at y gwasanaeth yr oedd Sain Abertawe yn ei gynnig.

Pan ddaeth yr Eisteddfod i Dre-gŵyr, roedd gan yr orsaf safle canolog ar y maes, llefydd i eistedd a gorffwys, a man lle'r oedd adroddiadau cyson yn cael eu darlledu yn Gymraeg a Saesneg. Cyn yr Eisteddfod, roedd yr orsaf yn cau dros nos, ond penderfynodd David Lucas ddarlledu rhaglenni Cymraeg trwy gydol y nos gyda Siân Lloyd a Lyn Morgan yn cyflwyno cerddoriaeth ac eitemau wedi eu hanelu at y math o bobol a fyddai'n mynychu Maes B. Roedd gwneud yr Eisteddfod yn atyniadol i'r ifanc yn bwysig er mwyn sicrhau dyfodol yr ŵyl, felly cafodd y rhaglen dros nos groeso mawr a phrofodd yn boblogaidd tu hwnt. Aeth Lyn Morgan ymlaen i weithio i'r BBC a daeth Siân yn gyfarwydd drwy Brydain fel y ferch a oedd yn cyflwyno'r tywydd ar ITV.

LLIW NOS yn Eisteddfod Dyffryn Lliw 1980 – 'cyfle ffantastig'

Lyn Morgan

Lyn Morgan

Ymunodd Lyn Morgan â Sain Abertawe 'wedi sawl cynnig a lot o lythyron' pan oedd yn gweithio gyda radio ysbyty yn lleol. Roedd hefyd yn DJ mewn disgos yn y Top Rank yn Abertawe ac yn darlledu ar raglenni Cymraeg a Saesneg yr orsaf. Mae'n parhau i ddarlledu ar BBC Radio Cymru.

Dechreuais i yn Sain Abertawe yn 1978 yn casglu cyfweliadau yn y Sioe Fawr. Ar y pryd do'n i ddim yn gwybod y ffordd o Gydweli i Lanelwedd a 'nôl i Heol Fictoria! Ond gyda pheiriant tâp enfawr symudol, roedd cyfle i ddysgu bod gwrando ar yr atebion yn bwysig mewn cyfweliadau, nid meddwl am y cwestiwn nesaf!

Roedd yr Eisteddfod Genedlaethol yn 1980 yn dod i Ddyffryn Lliw jest lawr yr heol o Sain Abertawe a'r stiwdios ar Heol Fictoria, a'r orsaf a'r rhaglenni Cymraeg yn amlwg iawn, iawn. Roedd si ar led bod posibilrwydd y bydden ni'n darlledu drwy'r nos. Ro'n ni fel darlledwyr yn llawn cyffro i glywed bod y fath hyn o beth yn cael ei ystyried. Daeth y syniad, ac wedyn yr ocê, a dyna gyrraedd penderfyniad i ddarlledu rhwng hanner nos a phump o'r gloch y bore yn fyw ac yn fywiog ar Sain Abertawe.

Roedd *Lliw Nos* yn gweithio'n dda fel teitl gan ein bod yn darlledu trwy'r nos yn Nyffryn Lliw ac yn ceisio cyfleu lliw'r nos. Does dim recordiad o'r cyfnod ond mae atgofion melys iawn am yr awyrgylch, am y cyffro, am yr ymateb ... roedd e jest yn ffantastig!

Doedd y sin bop Gymraeg yn 1980 ddim cweit mor soffistigedig â heddiw. Ro'n i'n dal yn nyddiau Edward H, Hergest, Mynediad am Ddim, ac am gyfnod, Twrw Tanllyd, a daeth record hir o'r un enw gyda'r caneuon a'r traciau wedi'u recordio yn ystod cyngherddau'r Eisteddfod.

Dyna a wnaethon ni – ceisio cyfleu'r awyrgylch dros nos, beth oedd yn

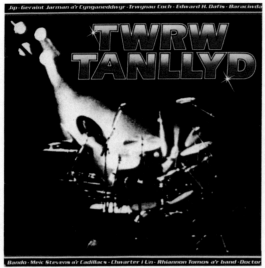

Twrw Tanllyd – *Sain 1981*

digwydd ar y maes ieuenctid ac yn y cyngherddau. Roedd adolygwyr yn cyfrannu a gan nad oedd ffonau symudol, roedd rhaid ffindo bocs ffôn a ffonio'r rhif. Ac ambell adeg pan oedd rhywun yn ffonio ond ddim gyda digon o arian gyda nhw, roedd yn rhaid i'r adolygiad ddirwyn i ben!

Ond roedd yn llwyddiant. Gawson ni ein synnu o'r ochr orau gan fod cynifer o bobol yn cyfrannu ac yn ffonio mewn. Ro'n i'n cyd-gyflwyno gyda Siân Lloyd ac roedd rhywun yn gorfod bod wrth y ffonau yn ein tro, roedd hi mor brysur. Roedd wir yn fraint cael bod yn rhan o hwnna. Dyna'r darlledu dros nos cyntaf wnes i erioed.

Ac er ein bod yn trio cyfleu natur yr

hyn oedd yn digwydd yn yr Eisteddfod gyda cherddoriaeth gwerin a roc y to ifanc, roedd cynifer o wrandawyr arferol Sain Abertawe o'r rhaglen *Amrywiaeth* yn aros gyda ni i ofyn am geisiadau rhwng hanner nos a phump y bore.

Petaswn i byth yn cyrraedd yr ynys bellennig honno a rhywun yn gofyn am *Top 10 highlights* fy mywyd, byddai cyflwyno *Lliw Nos* yn ystod wythnos yn yr Eisteddfod yn un ohonyn nhw. Yn sicr, i ddarlledwr ifanc, wel, dyna oedd cyfle ffantastig.

Cefnogi cerddoriaeth newydd

Roedd Sain Abertawe yn rhan annatod o'r gymdeithas ers ei sefydlu yn 1974 gyda'r rhan fwyaf o'r darlledwyr yn byw ac yn dod o'r ardal ac yn nabod y gymuned. Yn swyddogol, doedd y dalgylch ond yn ymestyn hyd at waelodion Sir Gâr a Sir Benfro, ond roedd nifer yn cysylltu o Grymych, Aberdaugleddau a Dinbych-y-pysgod, a'r donfedd ganol yn cyrraedd ymhell gyda'r nos.

Roedd Sain Abertawe yn cefnogi cerddoriaeth newydd. Roedd lot fawr o grwpiau ifanc yn dod i'r amlwg ar y

> **'Petaswn i byth yn cyrraedd yr ynys bellennig honno a rhywun yn gofyn am Top 10 high-lights fy mywyd, byddai cyflwyno Lliw Nos yn ystod wythnos yn yr Eisteddfod yn un ohonyn nhw.'**

pryd ac roedd cyfle i gael ychydig bach o gyhoeddusrwydd ac i ddod ar raglenni i sôn am eu cerddoriaeth. Roedd hyn yn amlwg iawn yn *Lliw Nos,* ond roedd Sain Abertawe yn dipyn mwy na hynny.

Roedd y rhaglenni Cymraeg yn amlwg iawn yn y gymuned ac yn cael ymateb da. Ac i gefnogi'r artistiaid diddorol newydd, ynghyd â'r artistiaid oedd wedi sefydlu ers tipyn, roedd Sain Abertawe yn trefnu sesiynau oedd yn cael eu chwarae yn ystod y rhaglenni Cymraeg. Yn ogystal â hynny, roedd teithiau o gwmpas ysgolion Cymru i gefnogi grwpiau newydd dan y teitl Disgdaith 257. Roedd cefnogaeth i ddiwylliant cerddorol oedd yn apelio at y to ifanc yn bwysig iawn ar yr adeg.

Ro'n i'n gweithio drwy gyfrwng y Gymraeg a'r Saesneg ar Sain Abertawe/Swansea Sound ac yn plethu ambell gân Gymraeg i mewn i fy rhaglenni Saesneg. Ac yn cyflwyno rhaglenni cerddoriaeth – o ganu gwerin i fyd yr Opera!

Lyn Morgan, Y Cymro, 5 Awst, 1980

Roedd y profiadau cynnar wedi dylanwadu'n fawr arnaf a darllen y newyddion yn Gymraeg yn gyntaf wedi codi diddordeb mawr gan fy mod i wedi gweithio llawer yn y maes yma dros y blynyddoedd.

Wrth edrych 'nôl, un peth sy'n fy nharo i wedi deugain o flynyddoedd yw bod Sain Abertawe wedi cynnig cyfle i ddysgu crefft a gwneud hynny mewn awyrgylch hollol broffesiynol. Ond o ystyried bod rhai yn gymharol ddibrofiad, roedd y feirniadaeth yn bwrpasol ac adeiladol ac mae cynifer o ddarlledwyr wedi elwa o weithio ar orsaf 257 Sain Abertawe.

'Teimlad taw ein Eisteddfod ni oedd hi'

Erbyn hyn mae Siân Lloyd yn teithio'r byd yn cyflwyno rhaglenni dogfen. Dechreuodd ei gyrfa gyda radio lleol yng Nghaerdydd, ac yn haf 1980, roedd yn torri tir newydd ym myd darlledu Cymraeg wrth gyflwyno rhaglenni dros nos i Sain Abertawe o Eisteddfod Genedlaethol Dyffryn Lliw ...

Siân Lloyd

Er 'mod i'n dod o Gastell-nedd, o'n i wastad yn gwrando ar Sain Abertawe achos dyna'r math o orsaf oedd hi. Es i Gaerdydd ac wedi i mi orffen yn y brifysgol ges i job gan Dan Damon yn CBC (rheolwr rhaglenni gorsaf radio annibynnol Cardiff Broadcasting Company a sefydlwyd ym mis Ebrill 1980). Pan ddaeth yr alwad i gymryd rhan yn rhaglenni Dyffryn Lliw, o'n i mor falch. Roedd yn *flattering* iawn!

Jest neud penawdau o'n i yn CBC ac ambell bwt gyda Jonsi (y cyflwynydd Eifion Jones), ac ambell un ar raglen Vaughan Roderick. Ond yn reit sydyn roedd rhywun wedi sylweddoli 'mod i'n bodoli ym myd darlledu yng Nghymru!

Wyn Thomas oedd wedi fy ngwahodd i gyflwyno *Lliw Nos* yn yr Eisteddfod. Roedd yn brofiad anhygoel gelech chi byth nawr. Mae'n deyrnged i Wyn fod y fath weledigaeth i ddarlledu drwy'r Gymraeg. Er bod yr oriau yn hwyr roedd cynulleidfa yn gwrando, roedd teimlad taw ein Eisteddfod ni oedd hi yn Abertawe a doedd dim synnwyr o *graveyard shifft*.

Rwy'n siŵr ei fod yn hwb anferth i'r sin Gymraeg. Roedd yr amseru yn grêt gan fod cyngherddau yn cwpla am 11 y nos a rhoddwyd y teimlad o fod yn rhan o'r holl beth. Rwy'n dwlu ar radio lleol annibynnol a'r teimlad o berthyn.

Ro'n i'n teimlo yn rhan o rywbeth oedd yn bwysig i Gymru. Ac am wythnos gyfan ro'n ni i gyd gyda'n gilydd yn trafod y sin roc, y cymeriadau, sut o'n nhw'n edrych, swnio, geiriau lyrics. Roedd yn deimlad anhygoel o fod yn rhan o rywbeth a dydw i erioed wedi cael shwd deimlad o berthyn ers hynny.

Ffigyrau gwrando 'anhygoel'

Yn CBC, y gwaith oedd cyflwyno penawdau newyddion ar yr awr bob dydd. Roedd yr oriau'n hir, ond roedd yno dîm o bobol arbennig oedd yn driw i'w gilydd ac yn driw i'r orsaf – Vaughan Roderick, Andy Bell, Dan Damon – ro'n ni i gyd yn ffindo'n traed ond yn credu yn beth o'n i'n ei wneud.

Roedd CBC yn bles bod Sain Abertawe â ffigyrau gwrando anhygoel. Ac roedd Jonsi (Eifion Jones) wedi gyrru ei gar yr holl ffordd i fynydd Caerffili, achos dyna'r unig le i gael signal Sain Abertawe, er mwyn clywed Lliw Nos. Roedd yn ishte yn ei gar am bump awr yn gwrando. Dyna i chi deyrngarwch – teyrngarwch i'n gilydd ac at Sain Abertawe ac ro'n i'n teimlo yn rhan o'r arbrawf.

Roedd Wyn Thomas a Dan Damon yn broffwydi. Roedd ganddyn nhw ots. Ro'n ni i gyd yn becso dam o safbwynt yr iaith a'r arbrawf ym myd darlledu. Roedd balchder o fod yn rhan o rywbeth oedd yn edrych ymlaen. Roedd yr amseru yn arbennig yn 1974 – sefydlu Sain Abertawe a fi yn mynd at CBC blwyddyn Dyffryn Lliw. Roedd yn storom berffaith o ran darlledu dwyieithog a'r Gymraeg.

Ro'n i'n rhan o genhedlaeth gynta Ysgol Gyfun Ystalyfera. Es i'r brifysgol ac ro'dd yr iaith ar dwf ac arian ar gael, ac roedd yn storom berffaith. Roedd teimlad o hyder, o rywbeth arbennig yn digwydd o safbwynt yr iaith. Ac i fi sy'n credu mewn Cymru ddwyieithog, roedd yn crynhoi popeth o fy mreuddwydion o safbwynt y Gymraeg.

Beth oedd yn grêt am Sain Abertawe oedd y ffaith fod y Gymraeg ochr yn ochr ar yr awyr, a hynny'n golygu fod pobol leol â synnwyr o berthyn heb fod yn elyniaethus; yn teimlo perchnogaeth o'r Gymraeg ac yn rhan o'r gymdeithas. Roedd yn gwtsh mawr cynnes ... dyw hynny ddim yn bodoli bellach, sy'n biti!

> 'Roedd yn deimlad anhygoel o fod yn rhan o rywbeth a dydw i erioed wedi cael shwd deimlad o berthyn ers hynny.'

Dyfodol radio?

Roedd yn gyfnod anhygoel ond mae tueddiad i popeth ddirywio a dod i ben. Tri chwmni sy'n berchen ar wasanaethau lleol ledled Prydain erbyn hyn a dyw hynny ddim yn beth da. Does dim rheoleiddio bellach. Y

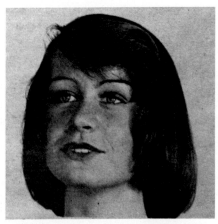

Siân Lloyd, Y Cymro, 5 Awst, 1980

broblem nawr yw bod radio lleol ddim yn lleol bellach. Gynt roedd Sain Abertawe yn darlledu o'r tu fas i Abertawe, pobol leol mewn stiwdios lleol, nid syndicet enfawr. Mewn ffordd, y gorsafoedd radio cymunedol sy'n chwifio'r faner ac wrth wneud cyfweliad ar Môn FM yn ddiweddar,

ges i'r un teimlad â'r dyddiau cynnar.

Mae pethau wedi newid ond rwy'n meddwl y bydd radio wastad yno gan fod cymaint o fanteision. Mae'n rhad ac yn fyw. Fel gwrandäwr rwy wastad moyn cael fy niddanu wrth symud o gwmpas y tŷ yn gweithio, yn coginio, yn dysgu am fiwsig newydd a thrin a thrafod, mae wastad yno yn y cefndir.

Ond mae'r we wedi newid popeth. Y dyddiau yma mae'n bosib cael tywydd, traffig ac, os oes heol wedi llithro i'r clogwyn, mae'n bosib chwilio ar Twitter/X am wybodaeth a newyddion lleol. Mae'r cyfryngau cymdeithasol wedi cymryd drosodd.

Doedd y cyfryngau cymdeithasol ddim yno 'nôl yn yr 1970au. Trwy radio lleol oedd cael newyddion ... roedd hi'n storom berffaith!

Cofio Willie Bowen ac Aled Glynne Davies

Wyn Thomas

Tra bydd cof am raglenni Cymraeg gorsaf Sain Abertawe, bydd sôn am ddau gyflwynydd yn arbennig, Willie Bowen ac Aled Glynne Davies, yn ôl Wyn Thomas ...

Willie Bowen

Yn lle ein gadael ni yn Abertawe a symud i'r BBC, y ffordd arall oedd hi yn achos Willie Bowen. Yn yr 1970au, roedd penaethiaid y BBC yng Nghymru wedi gweld y fantais o greu gwasanaeth lleol ac fe benderfynwyd sefydlu gorsafoedd bychain iawn mewn gwahanol ardaloedd yng Nghymru. Yn Llwynhendy, pentref bychan ar gyrion Llanelli, y sefydlwyd un o'r gorsafoedd cyntaf. Mentrais fynd draw i estyn croeso i weinyddwyr y BBC a oedd wedi dod i weld y stiwdio fach newydd. Cefais groeso mawr gan Gareth Price ac Emyr Jenkins, dau o reolwyr BBC Cymru, ac yn wir, aethant ymlaen i awgrymu y dylwn ystyried cyflogi un gŵr o'r ardal a oedd wedi gwirfoddoli i gyflwyno ar eu gwasanaeth.

Hwn oedd Willie Bowen, un bychan ei gorff ond anferthol ei gymeriad. Roedd yn athro plant gydag anghenion arbennig, ac os bu Cristion erioed, dyma'r agosaf i mi ei gwrdd erioed. Dyn cymwynasgar, dymunol, ac fel y dywedodd y ddau o'r BBC, un a oedd yn gallu cyfathrebu yn gwbl naturiol ar y radio, oedd Willie.

Fe gysylltais â Willie a'i wahodd draw i'r stiwdio, a chyn pen dim, roedd yn amlwg y byddai'n gaffaeliad mawr

Willie Bowen, Margaret o Swyddfa'r Eisteddfod a Gareth Wyn Jones adeg Prifwyl Abertawe 1982

Trebor Edwards, Un Dydd ar y Tro –
Sain 1980

*Clawr record Bois y Blacbord
– Welsh Teldisc 1964*

i'n gwasanaeth. Gan ei fod yn gapelwr selog fe allwn drosglwyddo fy nghyfrifoldebau ynghylch rhaglenni crefyddol i'w ofal ac fe wnaeth waith ardderchog. Trwy roi gwaith cyflwyno llawrydd i Willie, daeth ei agosrwydd at ei gynulleidfa i'r amlwg. Nid

defnyddio ei brofiad yn Sain Abertawe fel cam tuag at gael bod yn ddarlledwr llawn amser oedd ei nod. Ei bleser mawr oedd gallu cyfathrebu â'i wrandawyr, a oedd, iddo fo, yn gyfeillion ac yn gymdogion bob un.

*Uned Allanol Sain Abertawe gyda Willie Bowen, Garry Owen a Gareth Wyn Jones
Llun o gasgliad Gareth Wyn Jones*

Dyn yr 1950au oedd Willie yn ei ffordd o fyw a'i bethau, a byddai hyn yn dod i'r amlwg yn ei raglen ddwy awr ar nos Sul. Roedd yn aelod o'r grŵp canu, Bois y Blacbord, a dyna'r math o adloniant a oedd wrth ei fodd. Dyn y Noson Lawen oedd Willie a byddai corau, cymanfaoedd, Hogia'r Wyddfa, Hogia Llandegai, Richie Thomas, ac yn arbennig Trebor Edwards, yn ffefrynnau mawr ar ei raglen, *Difyr Donc*. Hyd heddiw, os clywaf Trebor yn canu 'Beibl Mam', 'Un Dydd ar y Tro' neu ''Rhen Shep', neu gymanfa yn morio 'Mor Fawr Wyt Ti', bydd Willie yn dod i'm cof.

Lledaenodd ei boblogrwydd y tu hwnt i ddalgylch ein gorsaf a gofynnodd golygydd *Y Faner*, Emyr Price, iddo ysgrifennu erthygl am ei hanes, a hefyd, ar fy nghais, i gynnwys neges Willie ar ddiwedd ei raglen bob nos Sul, sef gofyn am dywydd braf ddydd Llun a gwynt teg er mwyn i'r dillad sychu'n dda ar y lein ddillad, neges a oedd wedi dod yn neges o sicrwydd i'w wrandawyr. Wedi i mi adael Sain Abertawe a symud yn ôl i HTV i fod â gofal am y rhaglen *Ffermio* ac i ddarlledu o'r Sioe Frenhinol yn Llanelwy, derbyniais y neges drist fod Willie Bowen wedi disgyn yn farw yng nghyntedd gorsaf Sain Abertawe; mewn rhyw ffordd, dwi'n amau mai dyna fyddai ei ddewis.

Mynd am Sbin

Daeth galwad ffôn un prynhawn gyda llais cyfarwydd iawn ar y pen arall, y Prifardd a'r darlledwr T. Glynne Davies. Fe ddywedodd fod un o'i feibion newydd adael yr ysgol ac eisiau cychwyn gyrfa yn y cyfryngau. Aled Glynne oedd enw'r hogyn, ac roedd wedi arfer mynd gyda'i dad i ddilyn ambell stori, gan gymryd gofal o'r peiriant recordio, ac roedd yn gallu golygu'r tâp a'i baratoi i'w ddarlledu. Y broblem oedd nad oedd unrhyw swydd ar gael iddo i ddechrau ei yrfa, ac nid oedd ei dad yn gallu fforddio talu cyflog iddo am y cymorth yr oedd yn ei roi iddo. Holodd T. Glynne a oedd yna unrhyw siawns y gallwn gynnig lle iddo yn Sain Abertawe.

Fel yr oedd yn digwydd bod, byddai cael un a oedd â gwybodaeth a dealltwriaeth o ddiddordebau a cherddoriaeth pobol ifanc yn cryfhau apêl ein rhaglenni Cymraeg. Bu Aled yn ysgrifennu colofn ym mhapur bro Bethesda, *Pop un*, ac felly'r oedd yn deall ei bethau ynglŷn â siartiau caneuon poblogaidd a'r 'sin Gymraeg'. Cyn mentro rhoi ei raglen ei hun iddo, fe'i cefais i ddechrau i ddod i adnabod sŵn Sain Abertawe a'r meddylfryd y tu ôl i'r gwasanaeth. Byddai'n cyfieithu ac yn darllen newyddion, mynd allan i wneud cyfweliadau ac eitemau ar gyfer

T. Glynne a Mair Davies gyda'r meibion – Gareth, Geraint, Aled ac Owen
Llun drwy garedigrwydd y teulu

y newyddion neu gyfresi fel *Pobl*, cyfres o bortreadau o bersonoliaethau lleol, a datblygodd i fod o gymorth mawr i mi gyda fy rhaglen noseithiol. *Amrywiaeth* oedd enw'r rhaglen honno, a dyna oedd y bwriad – gwneud llawer mwy na chyflwyno recordiau. Roeddem yn cynnwys cwis gwybodaeth gyffredinol rhwng ysgolion yr ardal, eitemau o Eisteddfod yr Urdd pan oedd hi yn Llanelli yn 1975, ac o'r Eisteddfod Genedlaethol pan oedd hi o fewn cyrraedd inni.

I sicrhau y byddai'r rhaglen *Amrywiaeth* yn fwy na chyfres undonog gyda dim ond cyfres o recordiau, roeddem yn creu eitemau i gadw diddordeb y gwrandawyr. Roedd Aled yn un mentrus ac arbrofol, ac roedd wrth ei fodd gyda'r cyfleoedd a gynigiwyd iddo gan Sain Abertawe i fod yn greadigol. Un o'i syniadau oedd llunio rhestr o ugain o ganeuon, cyhoeddi'r rhestr honno ar gychwyn y rhaglen a gofyn i'r gwrandawyr ein ffonio a dewis pa gân yr hoffent ei chlywed. Rhoddai hyn syniad da i ni o chwaeth ein gwrandawyr. Yn amlach na pheidio roedd yn gystadleuaeth rhwng Trebor Edwards a Dafydd Iwan. Dro arall, fe gawsom gystadleuaeth yn gofyn i'r gwrandawyr restru'r holl ardaloedd yng Nghymru yr oedd geiriau'r gân 'Ddoi Di Gyda Mi' gan Hogia'r Wyddfa yn cyfeirio atyn nhw.

Fe fu cyfnod pan oeddwn yn agor y llinellau ffôn i ganiatáu i'r gwrandawyr brynu a gwerthu pethau ymysg ei gilydd. Roedd natur wledig yr ardal yn dod i'r amlwg gan fod y gwrandawyr yn aml yn cynnig dwsin o wyau neu lond trol o wrtaith i'w gwerthu. Roedd rhaid bod yn ofalus gan fod rhieni Aled wedi symud i fyw i'r ardal, a byddai T. Glynne yn aml yn taflu ei lais ac yn ffonio fel un o gystadleuwyr ein rhaglen ac yn dweud y pethau rhyfeddaf fyw. Roedd Aled yn eilunaddoli ei dad a byddai'n hoff o adrodd hanes y pethau rhyfedd a wnâi T. Glynne. Mewn diolch i mi am gymryd Aled o dan fy adain fe gyflwynodd siec am filiwn o bunnoedd i mi. Bu'r siec yn addurno wal fy swyddfa am fisoedd.

Mynd o Eisteddfod i Eisteddfod

Mentrodd criw ohonom i wneud adroddiadau o Brifwyl Aberteifi yn 1976 trwy yrru car yno, recordio eitemau ar y peiriant tâp symudol, ac yna gyrru'n ôl i'r stiwdio, eu golygu, a'u cynnwys fel rhan o'r rhaglen ar y noson honno. Fe aeth Glynog, Aled a minnau yng nghar bach Vauxhall coch Sain Abertawe i Aberteifi ar ddiwrnod y Cadeirio, ond prin

> *'Roedd Aled yn un mentrus ac arbrofol, ac roedd wrth ei fodd gyda'r cyfleoedd a gynigiwyd iddo gan Sain Abertawe i fod yn greadigol.'*

y disgwyliem y stori fawr a oedd yn aros amdanon ni. Enillodd y Prifardd Alan Llwyd y dwbwl, sef y Goron a'r Gadair, yn yr un Brifwyl yn Nyffryn Clwyd yn 1973, ac roedd wedi cipio'r Goron yn barod yn yr eisteddfod hon. Roedd yn werth aros i weld a fyddai'n gwneud y dwbwl eto, ac, yn wir, fe gawson ni ein gwobrwyo drwy weld Alan yn codi i dderbyn ei ail Gadair.

Ond hon oedd 'Eisteddfod y Ddwy Awdl', gan fod Prifardd arall, Dic Jones yr Hendre, wedi anfon awdl i'r gystadleuaeth, awdl yr oedd y beirniaid yn teimlo ei bod yn ddigon da i ennill y Gadair o drwch blewyn. Digwyddiad od iawn oedd hwn. Beth oedd pwrpas Dic Jones yn cystadlu, fel gwybod nad oedd fod i gystadlu ac yntau'n aelod o'r pwyllgor llên lleol? Roedd ei benderfyniad i gystadlu yn torri un o reolau pwysicaf yr Eisteddfod yn yr adran lên. Wedi cryn berswâd arno, derbyniodd Alan y Gadair, nid er mwyn boddhad iddo fo'i hun, ond er mwyn y seremoni a'r Orsedd, ac er mwyn yr Eisteddfod.

Roedd Aberteifi wedi rhoi hanes rhyfeddol i ni, ac roedd yn rhaid aros i wneud yn siŵr ein bod yn gwneud cyfiawnder â'r stori. Prin oedd yr amser i ni gyrraedd yn ôl i Dre-gŵyr a chychwyn y rhaglen. Siwrnai ddychrynllyd oedd honno, ac yn aml roedd fy llygaid ar gau wrth i Glynog sythu pob cornel ar y ffyrdd cul oherwydd ei fod yn gyrru'r car fel cath i gythraul. Yng nghefn y car roedd Aled, gyda'r peiriant recordio ar ei lin, a gydag offer golygu'r tapiau, cyllell finiog i dorri'r tâp a thorri darnau o blastig main gludiog i ailgysylltu'r tâp a oedd yn cario'r lleisiau, wrthi yn paratoi'r tâp ar gyfer darlledu. Y bwriad oedd cael rhai eitemau a fyddai'n adrodd yr hanes yn barod i'w ddarlledu heb oedi. Wrth gyrraedd Tre-gŵyr a pharcio'r car, fe droesom i weld balchder Aled am ei fod wedi llwyddo i olygu'r holl eitemau, ond wedyn fe welsom ei ddwylo. Oherwydd bod y car wedi bownsio ei ffordd o Aberteifi, roedd y gyllell olygu wedi hollti croen bysedd Aled ac roedd yn waed i gyd ar ddiwedd ein siwrnai. Ond ni chawsom yr un gŵyn gan Aled. Darlledu'r stori oedd y peth pwysicaf iddo fo.

'Un o ergydion mwyaf fy mywyd'

Ymhen ychydig amser wedyn, cafodd Aled swydd gyda'r BBC, ac er mor fawr oedd ein colled ni, hwn oedd y llwybr cywir iddo fo. Roedd angen cyfrwng ehangach na Sain Abertawe arno i roi iddo ei iawn gyfle. Dringodd i fod yn Olygydd Newyddion Radio Cymru, ac yna'n Olygydd Rhaglenni'r holl orsaf. Fe welodd Aled fod gwasanaeth Radio Cymru braidd yn hen ffasiwn a bod angen cyflwyno sŵn o fath newydd a fyddai'n dod â mwy o wrandawyr i'r orsaf. Fe wnaeth hyn trwy ddefnyddio ei brofiad gyda ni yn Sain Abertawe i roi mathau newydd o gyflwyno a rhaglenni ar Radio Cymru. Roedd yn ddewr yn yr hyn a wnaeth. Aeth beirdd *Y Talwrn* ar streic a phobol yn hiraethu am yr hyn a gollwyd, ond daliodd ei dir, ac yn y diwedd dangosodd drwy godi'r nifer o wrandawyr, ei fod yn gywir yn y chwyldro a greodd.

Pan ymddeolodd Aled o'r BBC aeth ymlaen i sefydlu cwmni cynhyrchu annibynnol, Goriad, gyda'i wraig Afryl, a oedd yn cynhyrchu rhaglenni ar gyfer y radio ac S4C. Unwaith eto daeth llwyddiant i Aled, a chefais y cyfle i gydweithio eto – un rhaglen yn adrodd hanes yr iselder ysbryd

Bathodyn Sain Abertawe i gofio ei swydd gyntaf

roeddwn wedi ei ddiodde cyn cael sylw arbenigwyr, a rhaglen arall pan oedd Marged, y wraig, a minnau'n dathlu trigain mlynedd o fywyd priodasol a pharhad ein cariad dros y blynyddoedd. Ar gyfer rhaglen newydd yn trafod materion cyfoes ar Radio Cymru y darparwyd yr eitemau hyn, ac unwaith eto, llwyddiant oedd y fenter honno gan Aled.

Trwy'r cyfan, roedd Aled yn gadarn ei gefnogaeth, yn hael ei ganmoliaeth ac yn barod ei gefnogaeth drwy negeseuon ar y cyfryngau newydd.

Parhaodd yn gyfaill agos iawn. Cefais neges ganddo ar 22 Rhagfyr, 2022, yn dweud ei fod yn dathlu'r dydd yma oherwydd bod dydd byrraf y flwyddyn wedi digwydd ar y diwrnod blaenorol, a byddai'r golau'n dod eto wrth i'r dyddiau ymestyn. Ni fyddwn byth wedi credu mai dim ond deng niwrnod eto a oedd ganddo. Roeddwn yn ymwybodol ei fod yn gweld meddygon mewn ymdrech i wella rhyw anhwylder neu'i gilydd, ond nid oeddwn yn gwybod dim amdano.

Yna daeth un o ergydion mwyaf fy mywyd. Ar nos Galan, 2022, aeth Aled ar daith gerdded ar hyd afon Taf a diflannodd. Cafwyd hyd i'w gorff yn yr afon ychydig ddiwrnodau'n ddiweddarach. Collodd ei deulu a'i gyfeillion ei gariad, a chollodd y byd darlledu a Chymru gyfaill annwyl, un llawn menter a hwyl, a gwarchodwr ein hiaith. I mi, ni allaf, ac ni fyddaf byth, yn deall pam y bu i ni golli cyfaill annwyl fel hyn, ac mae'n anodd meddwl na fyddaf yn gweld ei wên ddireidus eto; ond diolch am gael ei adnabod.

Mynd am Sbin gydag Aled Glynne

Cyfweliad Aled Glynne Davies

Cafodd Aled Glynne Davies ei gyfle cyntaf ym myd darlledu yn Sain Abertawe cyn ymuno â gwasanaeth newyddion y BBC, a bu'n Olygydd Radio Cymru rhwng 1995 a 2006. Mewn cyfweliad gyda Siân Sutton yn 2020 bu'n sôn am ddylanwad y profiadau cynnar yn 1976 ar ei yrfa …

Mi o'n i ar y pryd yn cael fy hyfforddi gan fy nhad, T. Glynne Davies, i fod yn newyddiadurwr ac o'n i wedi bod efo fo am ddwy flynedd. Ac un noson wnes i roi'r *transistor radio* ymlaen. Ac o'n i yn fy ngwely bync yn gwrando ar wahanol bethau, a des i ar draws radio lleol am y tro cyntaf yn fy mywyd. Radio Lerpwl oedd o, Radio City, a ges i fy nghyfareddu wrth wrando ar y gerddoriaeth a'r siarad â phobol o'r ardal mor naturiol. Roedd rhywbeth mor gynnes amdano fo.

A'r bore wedyn es i mewn i lofft Mam a Dad, a Dad yn chwyrnu, a dyma fi'n ei ddeffro fo a dweud, 'Dad, Dad, Dad dwi isie gadael cartref.'

'Pam wyt ti isho gadael cartref?'

'Dwi isie mynd i weithio i'r radio lleol.'

A chwarae teg, roedd yn ddigon hapus i mi weld a oedd swyddi ar gael. A digwydd bod, roedd Sain Abertawe yn chwilio am rywun. Ac o fewn ychydig ddyddiau o'n i'n cyflwyno'r newyddion ar Sain Abertawe!

Beth oedd apêl radio lleol ac, ar ôl ei glywed yn Saesneg, oedd e'n mynd i weithio yn Gymraeg?

Oedd, yn bendant. Y cynhesrwydd dwi'n meddwl oedd y peth mawr. Rhaid i ni gofio bod radio lleol yn beth newydd. Y BBC o'n ni wedi arfer efo fo, heblaw ein bod ni'n gwrando ar bethau fel Radio Luxembourg. Ond yn sydyn ro'ch chi'n clywed y cynhesrwydd. Ro'n i'n teimlo bod y siaradwyr yn siarad efo'r bobol yn hytrach nag at y bobol. Doedd o ddim yn very BBC-aidd ond roedd o'n rhywbeth lle'r o'n nhw'n sgwrsio ac yn rhywbeth o'n i'n teimlo oedd mor arbennig. Ac yn rhywbeth o'n i'n sicr am fod yn rhan ohono.

A beth oedd yn braf oedd 'mod i'n sydyn yn rhan o'r byd newydd – radio hollol wahanol yn Gymraeg i beth o'n i wedi ei glywed o'r blaen. Roedd Wyn Thomas yn bennaeth, ac nid yn unig yn rhoi arweiniad ac yn dysgu lot fawr i mi, ond hefyd yn rhoi rhyddid, ac roedd hynny'n beth mawr i unrhyw un sy'n dechrau. Roedd yn rhoi cyfle i arbrofi gyda gwahanol bethau a dwi'n dal i ddiolch hyd heddiw.

Roedd eich rhaglen ar y pryd, *Mynd am Sbin gydag Aled Glynne*, yn enw trawiadol ac mae pobol yn dal i gofio'r teitl. Beth oedd y bwriad gyda'r math yna o raglen?

Newyddiadurwr o'n i'n wreiddiol a dyna o'n i eisiau bod ac yn sydyn ro'n i'n gweithio ar radio lleol ac yn cyflwyno gwahanol fathau o raglenni efo Wyn Thomas a Glynog Davies.

Aled Glynne Davies
Llun trwy garedigrwydd y BBC

Ac mi wnaeth Wyn ofyn i mi wneud rhaglen bop gyda cherddoriaeth Gymraeg. Ac yn fwy na hynny, o'n i'n awyddus iawn i dorri newyddion am y bandiau rownd Cymru, a bron iawn, torri newyddion cyn i unrhyw un arall ei wneud. Felly roedd y rhaglen yn gymysgedd o gerddoriaeth Gymraeg ac roedd angen iddo fod yn reit slic. Dyna oedd y bwriad ond dydw i ddim yn siŵr, o edrych yn ôl, sut beth oedd o! Ond ar y pryd roedd o'n teimlo'n slic ond bod gennym ni hefyd gyfweliadau, yn aml iawn rhai reit fyr, efo bandiau rownd Cymru.

Ar ben hynny roedd y byd yn wahanol o ran cerddoriaeth Gymraeg. Nid yn unig bod lot fawr o fandiau da ond roedd pethau yn digwydd yn y Top Rank yn Abertawe. Roedd Lyn Morgan, sydd â'i lais nawr i'w glywed ar Radio Cymru, â disgo ei hun – ac os oedd yno ar nos Wener, o'n i'n ymuno â Lyn i glywed beth oedd yn digwydd. Ac ynghanol y bobol oedd yn dod lawr o'r cymoedd a phob man i ddisgo Cymdeithas yr Iaith, ro'n i'n sgwrsio efo'r bandiau. Felly roedd o'n gymysgedd o gerddoriaeth bop Gymraeg a sgwrsio efo gwahanol bobol.

'Acenion a thafodieithoedd lleol yn bwysig'

Mi ddywedodd Wyn Thomas wrtha i ar y pryd, 'Os ffindia i bod bobol hŷn yn dechrau ffonio dy raglen di, mae dy raglen di yn diflannu!'

Ac mae hynna'n grêt achos roedd yn rhoi her i mi wneud yn siŵr ein bod 'mond yn mynd am bobol iau. O'n i'n trio osgoi cerddoriaeth fysa'n apelio at bobol hŷn ac yn anelu at bobol iau a dyna nod y rhaglen. Cerddoriaeth o bob math ond nid Trebor Edwards, Hogia'r Wyddfa a Hogia Llandegai, ond artistiaid newydd fel Meic Stevens, Hergest, Edward H ...

Mi oedden ni'n cael lot o fandiau i mewn a dwi'n credu bod hynny yn rhan bwysig o'r gwasanaeth newydd. Gawson ni Meic Stevens, bandiau Llygod Ffyrnig, Seindorf oedd yn fand lleol, a mwy gwerinol wedyn, Carraig Aonair o Lanelli a hefyd, grŵp y darlledwr sy'n reit amlwg nawr, Siân Thomas ac Oedipws.

Ac ar ben y sesiynau hynny mi oedd bandiau yn anfon eu cerddoriaeth aton ni. Roedd y band Brân a John Gwyn yn gyrru sesiynau aton ni i chwarae ar y radio. Ac yn sydyn, roedd wedi troi'n rhywbeth oedd pobol eisiau i'w cerddoriaeth nhw gael ei chwarae ar y radio – oedd yn beth mawr, yn fy marn i, i radio oedd yn apelio at un rhan o Gymru.

Wrth symud yn y pen draw at Radio Cymru, a aethoch chi â'r syniadau am lwyddiant radio lleol gyda chi i'r gwasanaeth cenedlaethol?

Mi o'n i wedi cael fy ngwreiddio mewn radio lleol, ac roedd gen i barch enfawr at fy nhad oedd yn credu'n gryf, yn ddigon tebyg i feddylfryd pobol radio lleol, mai cyrraedd pob math o siaradwyr Cymraeg oedd yn bwysig. Felly roedd hwnna efo fi pan es i at y BBC.

Pan o'n i'n gyfrifol am *Newyddion* y BBC ar S4C a *Newyddion* Radio Cymru, mi oedd yna elfennau cryf o beth wnes i ei ddysgu yn ystod fy nyddiau yn Abertawe yn ddwfn yn y newidiadau wnes i'n fanna. Roedd mwy o bwyslais ar straeon sydyn, straeon o wahanol rannau o Gymru a thrio cael y rhaglenni i symud yn gyflym, sef rhan o radio lleol.

Mi wnes i hynny pan o'n i'n gyfrifol am *Newyddion* S4C a phan o'n i'n Olygydd *Newyddion* Radio Cymru. A phan o'n i'n Olygydd gorsaf Radio Cymru, yn amlwg, roedd pethau o'n i'n gwybod oedd wedi gweithio'n dda dros y blynyddoedd, a phethau ynof i oedd wedi datblygu yn ystod fy nyddiau yn radio lleol, o fudd oherwydd o'n i'n credu bod y pethau yma yn gweithio. A'r rheini oedd y rhaglenni lle'r oedd yna fwy o hwyl ynddyn nhw, mwy o gerddoriaeth, mwy o gael hwyl gyda'r gynulleidfa a thrio 'ngorau glas i gyrraedd cynulleidfa newydd gyda rhaglenni newydd.

Fi oedd y trydydd Golygydd ar Radio Cymru. Meirion Edwards ddaru sefydlu'r orsaf – fo oedd y boi wnaeth greu'r orsaf newydd sbon yma. Wedyn Lyn Jones wnaeth ei ddatblygu i gynnwys rhaglenni hirach gyda cherddoriaeth gan gynnwys rhaglenni *Hwyrach* fin nos. Ac wedyn fi oedd y trydydd. Ac fel rhan o'r peth, wnes i ymestyn yr oriau i 18 awr ac wedyn 20 awr y dydd ac ynghanol bob dim, trio creu rhaglenni poblogaidd o'n i'n gwybod oedd yn llwyddiant pan o'n i'n gweithio gyda radio lleol.

Ar ben hynny, mi oedd y penderfyniadau i fynd allan i wahanol ardaloedd yn rhywbeth o'n i wedi'i wneud pan o'n i gyda radio lleol. Pan o'n i'n cael fy anfon allan o gwmpas ardal Abertawe do'n i ddim yn mynd am bobol amlwg. Yn hytrach, ro'n i'n trio ffindio pobol newydd achos oedd hwnna'n un ffordd o gael, nid yn unig lleisiau newydd ar Sain Abertawe, ond hefyd yn ffordd o gael mwy o gynulleidfa aton ni. Mae'n rhaid i ni, yn fy marn i, drio'n gorau glas i gael gymaint o siaradwyr Cymraeg i wrando ag y bo modd.

Hefyd, peth arall wnes i gyda Radio Cymru oedd dod ag elfen leol i mewn i'r orsaf. Achos 'mod i'n credu bod lleol yn bwysig, mi wnaethon ni roi *opt-outs* pan o'n i'n darlledu yn wahanol ar adegau gwahanol o'r dydd – yn y gogledd, y gorllewin, y canolbarth a'r de. Ac wedyn, hyd yn oed yn fwy lleol ein bod yn medru darlledu dim ond i ardal Abertawe ac yn ardal Blaenau Ffestiniog a Phorthmadog. Unwaith eto, rhywbeth wnes i ei ddysgu gyda radio lleol, sef bod lleol yn bwysig; yn sicr roedd e'n ddwfn ynof i.

A oedd e hefyd yn bwysig i gael y bobol iawn i gyflwyno'r rhaglenni? Oedd yna arddull oedd yn addas mewn radio lleol oedd yn gallu gweithio ar lefel genedlaethol?

Roedd Radio Cymru yn gwneud sawl peth. Roedden ni'n gwneud newyddion a materion cyfoes, dogfennau ac yn canolbwyntio ar raglenni â mwy o gerddoriaeth. O'n i'n sicr eisiau pobol oedd yn gwneud i bobol deimlo eu bod nhw'n perthyn neu'n medru sgwrsio efo nhw a pheidio ag ofni bod rhywun yn mynd i siarad lawr atyn nhw. Roedd hynny'n sicr yn beth mawr.

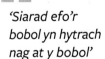

'Siarad efo'r bobol yn hytrach nag at y bobol'

'Cael hwyl efo bobol yn hytrach na hwyl ar ben pobol'

Ac roedd sawl cyflwynydd newydd ddaeth i mewn, yn fy marn i, oedd â'r ddawn o jest bod yn nhw eu hunain a jest sgwrsio yn naturiol iawn a chael hwyl efo pobol yn hytrach na hwyl ar ben pobol.

Unwaith ges i'n swydd, wnaeth fy mrawd, Geraint, gysylltu â fi i ddweud ei fod wrth ei fodd yn gwrando ar Eifion (Jones) ar wasanaeth ar draws gogledd Cymru, pan oedd Marcher Sound yn bodoli. Ac o'n i'n cofio Eifion pan oedd o'n gweithio ar radio ysbyty yn fy arddegau. Ac o'n i'n meddwl bryd hynny ei fod yn dipyn o seren. O'n i'n gwybod fod gan Eifion rywbeth mawr i'w gynnig, ond yn bennaf yn Saesneg oedd o'n darlledu – er dwi'n cofio fo yn Gymraeg ar CBC. A dyma fi'n gofyn i Geraint recordio ychydig o Eifion i fi. A phan o'n i'n digwydd bod yn gwrando ar ei dâp, pwy ffoniodd ond Eifion ei hun i ddweud ei fod ar gael os oeddwn i'n chwilio am rywun.

Felly do, fe ddes i ag Eifion i mewn ac mi lwyddodd i gyrraedd pobol nad oedd pobol eraill wedi'u cyrraedd, i fod yn gwbl onest.

Ac roedd Grav (Ray Gravell) yn darlledu ar *opt-out* lleol yn Abertawe yn ystod yr oriau brig – unwaith eto, i drio creu rhaglenni oedd yn teimlo'n gynnes i bobol yr ardal. Ac am gyfnod roedd Chris Needs yn dod â rhywbeth arbennig i'r orsaf. Ac mae'n wir i ddweud 'mod i wedi mynd at radio lleol er mwyn denu cyflwynwyr gan gynnwys Geraint Lloyd oedd yn boblogaidd iawn ar Radio Ceredigion. Mi wnes i ei wahodd o draw – unwaith eto, er mwyn creu gorsaf oedd pobol y gorllewin yn teimlo cynhesrwydd at y cyflwynydd.

Felly mae acenion a thafod-ieithoedd lleol yn ofnadwy o bwysig yn fy marn i.

Faint o golled yw bod Sain Abertawe wedi dod o dan wasanaeth Greatest Hits a rhwydwaith masnachol Prydeinig?

Mae'r newid mewn radio lleol wedi bod yn digwydd ers nifer o flynyddoedd. Tasech chi'n mynd 'nôl i ddechrau radio lleol, mi oedd yna lot o raglenni gwahanol i gerddoriaeth yn cael eu gwneud – rhaglenni dogfen, rhaglenni o ardaloedd, rhai crefyddol, pob math o raglenni yn debycach i beth ydach chi'n eu clywed ar y BBC.

Dros y blynyddoedd roedd yr orsaf yng ngofal pobol oedd yn gofalu am yr orsaf honno. Rŵan, a thros y blynyddoedd, mae'r gorsafoedd wedi cael eu rheoli o'r tu allan i'r ardal ac mae'r bobol yn rheoli sawl gorsaf. Ac mi fuaswn i'n meddwl bod pwyslais mawr ar wneud arian, felly mae llai o ryddid i gyflwynwyr wneud fel o'n nhw rai blynyddoedd yn ôl.

Yn aml iawn mae'r gerddoriaeth yn cael ei dewis ar eu cyfer nhw ac yn aml maen nhw'n cael dweud dim, dim ond hyn a hyn o bethau achos eu bod yn gorfod chwarae'r gerddoriaeth. Felly dwi'n meddwl bod rhywbeth mawr ar goll o ran yr elfen bersonol.

Mae rhywbeth arall wrth gwrs. Erbyn hyn mae 'na fwy ohonon ni'n gwrando ar gerddoriaeth drwy bethau fel Apple, Spotify, Amazon ac yn y blaen, felly os ydych chi ishe gwrando ar gerddoriaeth mi fedrwch chi fynd at bethau fel yna. Mae'n ymladd yn erbyn y syniad o chwarae cerddoriaeth a hysbysebion ar radio lleol. Mae yna her newydd yn wynebu radio lleol, a dwi'n meddwl bod yr elfen bersonol wedi mynd – ond dyna'r byd ydan ni'n byw ynddo ar hyn o bryd.

Mae'n debyg nad oes dim byd allwn ni ei wneud ond dylsai bod pwyslais ar ddarlledu rhaglenni Cymraeg. Mae'n drist bod rhaglenni Cymraeg yn diflannu neu'n cael eu rhoi ar oriau pan nad oes neb yn gwrando. Pan ddaeth Sain Abertawe roedd rheidrwydd i ddarlledu'n Gymraeg. Roedd Wyn Thomas yn gwneud mwy nag oedd rhaid. O ran yr elfen leol, mae radio cymunedol wedi datblygu ac mae mwy o ryddid i wneud. Mae'n beth da ond dim ond yn cyrraedd ardaloedd bach a hefyd ar y we.

Wrth fwrw golwg 'nôl, beth fyddai dylanwad pennaf Sain Abertawe ar radio lleol y cyfnod ac ar ddarlledu?

Mi wnaeth llawer o bobol sy'n cael eu clywed yn y byd darlledu heddiw ddechrau mewn radio lleol. Roedd yn stepping stone i lawer oedd yn symud ymlaen am wahanol resymau. Dwi'n credu bod lot o bobol wedi cael cyfle i arbrofi a dysgu crefft cyn symud ymlaen at BBC ac ITV sy'n rhywbeth arall sydd wedi diflannu.

Roedd radio lleol yn rhoi cyfle i gyflwynwyr ddatblygu crefft ar raglenni gyda'r nos ond mae'r cyfleoedd i fagu crefft wedi mynd. Mi oedd yn beth mawr yn nyddiau cynnar radio lleol ac roedd yn gyfle i fagu profiad. Mae'n anhygoel i weld faint o siaradwyr Cymraeg oedd gan Sain Abertawe a CBC a fanteisiodd ar weithio ar radio lleol ac sy'n ddarlledwyr reit amlwg heddiw.

Beth sy'n aros yn y cof o'r cyfnod yn Sain Abertawe?

Cyffro, cyfle i arbrofi, i fod yn rhan o rywbeth hollol, hollol arbennig fydda i'n ei gofio am byth, ac yn falch iawn o fod wedi cael y cyfle pan o'n i rhwng 19 a 21 oed!!

Diwedd y dechre

Wyn Thomas

Erbyn mis Chwefror 1981, fe adawodd David Lucas Sain Abertawe ac fe'm penodwyd yn Gyfarwyddwr Rhaglenni'r orsaf gyda gofal am yr holl raglenni Cymraeg a Saesneg. Roedd deunaw mis prysur o fy mlaen. Enillodd yr orsaf enw da am gefnogi achosion da, fel casglu arian ac anrhegion adeg y Nadolig a'r Pasg. A phan gyrhaeddais fy neugain oed, penderfynais fod yn rhaid i mi wella fy ffitrwydd. Cefais fy mherswadio gan gyfaill a oedd yn berchen ar stabl geffylau y byddai dysgu marchogaeth o gymorth imi yn hyn o beth. Cefais fy nghyflwyno i'r ceffyl mwyaf imi ei weld erioed. Roedd Mykanos o dras ceffylau gwedd ac yn llawer talach na fi ac yn llydan ei gefn, ond un eitha diog oedd o hefyd. Bu'r diogrwydd yma o gymorth i mi i lwyddo i ddysgu marchogaeth ceffyl a dim ond disgyn ddwywaith o'r uchelder a glanio'n boenus. Aeth pethau'n ddigon da imi fentro marchogaeth Mykanos o Aberystwyth i Abertawe a chasglu arian ar y ffordd i anfon plant difreintiedig i Disneyworld yn Florida. Diolch i haelioni ein gwrandawyr, roedd hi'n bleser gweld criw o blant yn

Wyn Thomas yn marchogaeth Mykanos

Ar gefn ei geffyl – Cartŵn Wyn Thomas

gadael i fynd ar daith a fyddai'n gofiadwy i bob un ohonynt.

Yn ystod haf 1982, bu farw Aelod Seneddol Gŵyr, Ifor Davies, yn ddisymwth, a bu'n rhaid galw isetholiad i ddewis olynydd iddo. Hwn oedd yr isetholiad cyntaf ers nifer o flynyddoedd yng Nghymru, felly byddai'n siŵr o ddenu sylw mawr. Hefyd, roedd Gwynoro Jones yn sefyll ar ran y blaid wleidyddol newydd, y Blaid Sosialaidd Ddemocrataidd, a byddai arweinwyr y blaid, Roy Jenkins a David Owen, yn ymweld â'r etholaeth. Roedd y Ceidwadwyr hefyd yn meddwl y byddai cyfle ganddyn nhw i ennill y sedd, a daeth Norman Tebbit i Dre-gŵyr i gynnal cyfarfod. Fe gwrddais â Norman Tebbit, neu'r Barwn Tebbit yn hytrach erbyn hynny, rai blynyddoedd yn ddiweddarach, a chefais gyfle i'w atgoffa am yr achlysur pan oedd i fod i areithio yn Nhre-gŵyr. Roedd yn cofio'n iawn. Dangosodd gofalwr Ysgol Gyfun Gŵyr beth oedd ei gred wleidyddol a gwrthododd ganiatáu mynediad i Tebbit na'i gynulleidfa. Roedd yr holl achlysur yn destun sbort i'r Barwn. Gareth Wardell a enillodd y sedd i Lafur, ond, fel rhan o'm swydd, ac yn ymwybodol o ddiddordeb y cyfryngau Prydeinig yn yr ymgyrch, roedd yn rhaid i mi ddarparu manylion manwl sut y byddai Sain Abertawe yn trin yr isetholiad.

Wyn Thomas ar faes yr Eisteddfod ym Mhontypridd 2024

Cefais alwad i ofyn a fyddwn yn gallu cyfarfod â Geraint Talfan Davies a Cenwyn Edwards o HTV. Tybiwn mai trin yr isetholiad oedd pwrpas y cyfarfod.

Erbyn hyn roedd y penderfyniad i sefydlu'r bedwaredd sianel deledu wedi ei wneud, ac roedd S4C i ddechrau darlledu ym mis Tachwedd 1982. Enillodd HTV yr hawl i gynhyrchu rhaglenni materion cyfoes y sianel, ymysg rhaglenni eraill, a Cenwyn a benodwyd yn bennaeth ar yr Adran Materion Cyfoes. Pan gyrhaeddodd y ddau fy swyddfa cefais wahoddiad i ymuno â nhw am ginio. Trafodwyd yr isetholiad yn fyr cyn symud ymlaen at ofynion yr Adran Materion Cyfoes, sef dwy raglen yr wythnos o *Y Byd ar Bedwar*, a rhaglen stiwdio bob nos Wener. Cefais fy ngwahodd i dderbyn swydd uwch-gynhyrchydd ar y rhaglen nos Wener a gofynnwyd i mi ddyfeisio rhaglen drafod wahanol. Roedd y demtasiwn i ddychwelyd i HTV, a'r cyfle i greu rhaglen a fyddai'n defnyddio'r hyn yr oeddwn wedi ei ddysgu am gynhyrchu rhaglenni trafod gydag elfen o boblogrwydd iddyn nhw, yn ormod i'w gwrthod. Y pnawn hwnnw, ymddiswyddais, a pharatoi ar gyfer symud yn ôl i Gaerdydd erbyn mis Medi. Y rhaglen nos Wener, gyda llaw, oedd *Y Byd yn ei Le* gyda'r diweddar Vaughan Hughes yn cyflwyno, rhaglen ag iddi elfennau dychanol, ac Wyn Lodwick a'i fand yn cyfeilio i gân newydd a gâi ei chyfansoddi'n wythnosol gan y Prifardd a'r cyn-archdderwydd John Gwilym Jones. Roedd yn fformat llwyddiannus iawn ac roedd yn boblogaidd dros ben.

Cyn gadael Sain Abertawe roedd yn rhaid trefnu ar gyfer ymweliad Eisteddfod arall â'n hardal, y tro yma i Abertawe yn 1982. Unwaith yn rhagor, roeddwn yn gwneud yn siŵr y byddai'r orsaf yn rhoi sylw teilwng i Brifwyl y genedl. Pan ddaeth dechrau Awst es i lawr i'r maes ym Mharc Singleton i

Cofio Wyn Lodwick a rhaglen Y Byd yn ei Le

weld safle Sain Abertawe a gwneud yn siŵr ei fod yn haeddu ei le yn ein Prifwyl. Ond er mawr siom imi, fe welais fod ein prif beiriannydd wedi gosod arwyddion Saesneg ar yr unedau darlledu. Cwynais wrtho, ei atgoffa am reol uniaith yr ŵyl, a gofyn iddo eu tynnu i lawr. Gwrthododd. Dychwelais i'r stiwdio yn Nhre-gŵyr i drafod hyn gyda'r Rheolwr-Gyfarwyddwr, Charles Braham, a chadeirydd y cwmni, yr Athro Howard Purnell, Cymro Cymraeg a gŵr o Gwm Tawe yn wreiddiol, ond daeth yr agwedd wrth-Gymreig yr oeddwn wedi brwydro yn ei herbyn am wyth mlynedd i'r amlwg. Cefnogwyd y peiriannydd yn fy erbyn gan ddweud bod yr orsaf wedi gwneud mwy na digon i'r Eisteddfod a bod lle i'r Saesneg ar ein safle. Nid oedd dewis i mi ond ymddiswyddo ar unwaith a cherdded allan o'r stiwdio a pheidio ag aros i Sain Abertawe ddewis olynydd i mi fel rheolwr.

Gadewais heb oedi i gael croeso gan eisteddfodwyr am fy safiad a chael fy nerbyn yn syth yn ôl i Bontcanna. Yno cefais y cyfle i wneud rhaglen am isetholiad Gŵyr gydag Emyr Daniel, a llunio rhaglen a oedd yn portreadu'r dyn hynaf yn y byd, John Evans, Llewitha, Abertawe, 105 oed erbyn hynny, gyda Glynog Davies, a oedd wedi ymuno â HTV rai blynyddoedd ynghynt. Darlledwyd y rhain cyn i'r diwrnod mawr ddod, ac Owen Edwards yn ein croesawu i noswaith gyntaf S4C.

Gobeithio'n fawr fy mod wedi llwyddo i'ch perswadio bod radio lleol, a Sain Abertawe, yn arbennig, wedi llwyddo i greu gwasanaeth radio newydd, un a oedd yn agos iawn at ei gynulleidfa, ac i roi llais a gwybodaeth gyflawn am ddigwyddiadau lleol a chenedlaethol, a llwyddo hefyd i ddarparu adloniant a oedd yn adlewyrchu ffordd o fyw a diwylliant y gwrandawyr.

MAE HIRAETH YN FY NGHALON AM Y DDOE NA DDAW YN ÔL . . .

Cofio'r dyddiau da

Yn ystod y flwyddyn pan oeddwn yn gyfrifol am Sain Abertawe, roedd yr orsaf yn denu cynulleidfa o bron i 550,000 ac, am y tro cyntaf erioed, fe wnaeth yr orsaf elw o £40,000. Erbyn hyn mae'r llywodraeth wedi caniatáu i gariad at elw ac arian fod yn bwysicach na datganoli darlledu. Y canlyniad oedd caniatáu i gwmnïau mawr a chenedlaethol hawlio'r gorsafoedd lleol, a chaniatáu i lawer mwy o orsafoedd darlledu, a chael gwared ar yr IBA i wneud lle i'r awdurdod Ofcom, awdurdod gwan a diffrwyth.

Erbyn hyn, mae stiwdio Sain Abertawe yn wag, fel sydd yn wir am

SWANSEA SOUND—
More tune in — that's official

Western Mail

Western Mail, *7 Hydref, 1982*

radio lleol mewn nifer o ardaloedd Cymraeg a Chymreig. Mae Cymru a'r iaith ar eu colled.

Mae'n amser i ni ofyn cwestiynau. A oedd Jac L. Williams yn iawn? Ydi'r amser wedi dod i drosglwyddo darlledu i ofal Senedd Cymru? A oedd sefydlu S4C ar ddulliau economi cyfalafiaeth yn creu cenfigen a chasineb ymysg y gwahanol gwmnïau cynhyrchu annibynnol a grëwyd? A ddylai S4C fynd i ddwylo'r BBC? A oes modd ailsefydlu radio lleol trwy Gymru? Nid mater i mi ydi ceisio rhagweld newidiadau ar gyfer y dyfodol, ond bydd yn rhaid newid. Dim ond gobeithio bod fy mhrofiad o sefydlu Sain Abertawe wedi bod o gymorth i'r rhai a fydd yn ceisio sicrhau dyfodol llewyrchus a phoblogaidd i ddarlledu yn y Gymraeg.

Gwireddu breuddwyd

Garry Owen

Ar ôl i Wyn Thomas adael Sain Abertawe, cafodd Garry Owen y cyfrifoldeb am wasanaeth Cymraeg yr orsaf. Mae Gohebydd Arbennig BBC Radio Cymru yn cofio 'Gwefr y mentro a chreu yn nyddiau cynnar radio Cymraeg ...'

Garry Owen
Trwy garedigrwydd y BBC

Roedd y daith o Bontarddulais i Ysgol Gyfun Ystalyfera ar ddechre'r 1970au yn hir. Awr o siwrne, a'r bws yn stopio bob deg muned i godi plant mewn pentrefi yn ymestyn o Bont-lliw i Drebanos ar hyd y ffordd.

Ond fe ddaeth y siwrne dipyn yn fwy difyr o fis Medi 1974. Am y tro cyntaf, taniodd Sain Abertawe ar set radio hen fws cwmni D Coaches oedd yn ein cludo ar y daith foreol. Roedd Donald, ein gyrrwr, yn wrandäwr astud a ffyddlon o'r diwrnod cynta, a wiw i chi feiddio awgrymu symud y deial i orsaf arall.

Yr hyn wnaeth fy nharo i yn syth oedd bod cyfle nawr i glywed lleisiau o fy ardal i, digwyddiadau lleol, ceisiadau gan bobol o'r un pentre â fi, ac yn fwy na dim, newyddion lleol. Roedd radio lleol wedi cyrraedd Abertawe a'r de-orllewin – yr orsaf radio annibynnol gyntaf yng Nghymru, ac roedd e'n gyffrous.

Fe ddechreuais i wrando yn gyson ar gyflwynwyr yr orsaf. Roedd yna hud yn eu siarad slic wrth gyfathrebu â gwrandawyr, a throelli disgiau caneuon y siartiau. Os taw David Bowie neu Elton John oedd yn mynd â'ch bryd, neu Suzi Quattro, Sparks neu David Cassidy, dyma'r lle i chi!

Wedyn, ar ôl cyrraedd adre o'r ysgol, troi at *Amrywiaeth*, y rhaglen nosweithiol Gymraeg. Cerddoriaeth Edward H. Dafis, Hergest, Heather Jones ac ati, heb sôn am Hogia'r Wyddfa a chorau meibion lleol.

'Tanio'r awch' i ddarlledu

Wrth wrando fe dyfodd yr awydd i fod yn rhan o'r fenter. Heb os, Sain Abertawe wnaeth blannu'r syniad o weithio a dilyn gyrfa yn y cyfryngau ac ar y radio. Rwy'n cofio y tro cyntaf i fi godi'r ffôn ar gyfer un o gystadlaethau rhaglen Gymraeg Glynog Davies gyda'r nos a mynd drwodd yn fyw ar yr awyr. Moment fawr! Yr her oedd enwi'r holl lefydd oedd yn cael eu cynnwys yng nghân Hogia'r Wyddfa, 'Ddoi Di Gyda Mi'!

Fe fu sawl galwad ffôn, sgwrs a chais ar ôl hynny ac roedd gwrando a chael cyfrannu at raglenni Sain Abertawe yn y dyddiau cynnar yn sicr wedi tanio'r awch ynof i, a nifer o bobol eraill o'r ardal, i ystyried gyrfa ym myd darlledu. Teg yw dweud fod yr orsaf wedi agor y drws a rhoi cyfle i

Dechrau cyfnod Garry Owen yn Bennaeth Rhaglenni Cymraeg Sain Abertawe
Western Mail, *Hydref 7, 1982*

Hysbyseb Sain Abertawe ar fws yn Abertawe

'Fe wnaeth yr orsaf gyfraniad anferth o ran darlledu ac yn enwedig o ran darlledu trwy gyfrwng y Gymraeg.'

nifer fawr o bobol leol i fod yn rhan o fwrlwm y byd darlledu, a finne yn eu plith.

Yn Sain Abertawe y cefais fy mhrofiad cyntaf mewn stiwdio radio ar ôl sgrifennu llythyr at Bennaeth Rhaglenni Cymraeg yr orsaf, Wyn Thomas, yn gofyn am gyfle. Chwarae teg, fe gymerodd e siawns a chynnig 'mod i'n cychwyn trwy wirfoddoli adeg y gwyliau yn casglu ceisiadau a derbyn negeseuon ffôn.

Yn raddol bach fe ddaeth cyfleoedd i ddarlledu. Ambell fwletin tywydd, adolygiad ffilm neu ddrama yn y dyddiau cynnar, wedyn cyfle i holi a chyfweld, ac yna ... rhaglen!

Dyna i chi foment fawr! Eistedd tu ôl i ddesg y stiwdio, y *turntables* bob ochr i fi, a'r *cart rack* o 'mlaen i chwarae'r jingls a'r hysbysebion! Doedd dim troi'n ôl nawr, roedd yr ysfa i ddarlledu wedi gafael ynof!

Ymhen chydig flynyddoedd roedd y gwirfoddoli wedi troi'n waith cyflogedig a finne'n cychwyn yn stafell newyddion yr orsaf adeg streic y glowyr. Un o'r storïau newyddion mwyaf i fi ei dilyn hyd heddi yn fy ngyrfa newyddiadurol.

'Nabod ardal' a 'nabod pobol'

Roedd bod yn rhan o deulu a chymuned Sain Abertawe yn rhywbeth rwy'n ei drysori hyd heddi. Criw egnïol a byrlymus oedd yn mwynhau darlledu a chyfrannu at eu cymuned yn lleol, boed hynny mewn stiwdio neu allan yng nghanol storm eira, neu ar gae mwdlyd yr Eisteddfod!

Fe wnaeth yr orsaf gyfraniad anferth o ran darlledu ac yn enwedig o ran darlledu trwy gyfrwng y Gymraeg. Roedd ymateb gwych gan y gynulleidfa leol i raglenni *Amrywiaeth* oedd yn parhau am ddwy

Garry Owen
Trwy garedigrwydd y BBC

'Some predicted that the Sound would not be viable'

Pennawd o'r RADIO Magazine, Ebrill 1983

awr a hanner bob nos Lun i nos Wener, ac wrth gwrs, yr anghymar Willie B â *Difyr Donc* ar nos Sul!

Roedd 'nabod ardal' yn bwysig, ac yn fwy na hynny efallai, 'nabod pobol'. Roedd y cyflwynwyr a'r gwrandawyr yn nabod, ac yn deall ei gilydd o ran newyddion, cerddoriaeth, sgyrsiau a digwyddiadau. Mae'n siŵr 'da fi bod y ffaith ein bod ni i gyd yn byw o fewn dalgylch yr orsaf yn helpu. Rwy'n meddwl bod yna deimlad hefyd o berthyn a pherchnogi. Ein gorsaf radio ni oedd hon, yn arbennig i bobol Abertawe, gorllewin Morgannwg a Sir Gâr, ac roedd hynny'n destun balchder.

Beth sy'n aros yn y cof am fy nghyfnod yn yr orsaf? Cyffro'r darlledu, yn sicr, a gwefr y mentro a chreu yn nyddiau cynnar radio Cymraeg. O ddydd i ddydd roedd bwrlwm a hwyl y criw oedd yn gweithio i'r orsaf yn ysbrydoliaeth.

Trwy gyfrwng Sain Abertawe fe ges i, a thon o ddarlledwyr eraill, groeso ar aelwydydd ar draws de-orllewin Cymru a dod i nabod pobol fydden i fyth wedi'u cwrdd oni bai am y meicroffon. Roedd hynny'n fraint.

Mae enwau'r gwrandawyr ffyddlon – rhai fel Annie o Caroline St, Llanelli, a Gwennie o Heol y Gelynnen, Brynaman – wedi aros gyda fi hyd heddi ac yn dod â gwên i'r wyneb, a gair o ddiolch am gefnogi ac annog darlledwr ifanc i wireddu breuddwyd.

Dal ei dir ar yr oriau brig

Roedd dyfodiad S4C yn ddiddorol achos tan hynny roedd 'da Sain Abertawe fonopoli ar slot 6.30 tan 9 y nos yn ardal Abertawe. Ond yn sydyn reit roedd rhywbeth arall ar ddod. Roedd sefydlu S4C yn gyffrous ond ro'n ni bach yn bryderus o weld rhaglenni S4C ar yr un amser â Sain Abertawe. Fuon ni'n pendroni sut i ddelio gyda hyn drwy newid yr arlwy neu shwd i ddelio â'r gystadleuaeth.

Er ein bod wedi addasu ychydig bach ro'n ni'n teimlo bod y fformiwla leol yn gallu cynnig y gwahaniaeth rhwng S4C a Sain Abertawe. Cynnig arlwy leol i Frynaman, Pont-iets, Llanelli, Rhydaman neu'r Allt-wen, neu beth bynnag oedd yn ein gwneud ni'n wahanol. Felly wnaethon ni gryfhau ychydig a rhoi mwy o bwyslais ar y lleol er mwyn cadw cynulleidfa. Ac fe weithiodd, ac wrth gadw golwg gofalus ar niferoedd y gwrandawyr, doedd dim gostyngiad dramatig yn y ceisiadau. Yn wir, roedd yn gweithio ac yn dal ei dir.

Ac mae'r cof am y gwasanaeth yn dal yn fyw, sy'n fy synnu i. Wrth siarad â chymdeithasau a beirniadu mewn eisteddfodau lleol, mae rhai wastad yn siarad am Sain Abertawe ac yn dweud, 'Roedd Mam yn gwrando ar Willie Bowen, *Difyr Donc* gyda Willie B, *Os am Gais* neu *Munud i Feddwl* cyn wyth y nos.'

Mae pobol yn dal i siarad amdano, ac am y pethau a gafodd eu gwneud ym mlynyddoedd cynnar yr orsaf. Chwarae teg i Wyn Thomas a'r detholiad o raglenni a'r arlwy gyffrous. Mae'r ffaith bod pobol yn sôn o hyd yn deyrnged i leisiau cynnar yr orsaf a enillodd gynulleidfa deyrngar am flynyddoedd lawer.

Sain Abertawe – 'Ein gorsaf leol ni'

Erbyn hyn mae Cefin Campbell yn gynrychiolydd Plaid Cymru dros Ganolbarth a Gorllewin Cymru yn y Senedd. Ond yn nyddiau cynnar Sain Abertawe roedd yn dysgu Cymraeg i gyflwynwyr a gwrandawyr yr orsaf radio ...

Cefin Campbell

Mae'n rhyfedd fel mae tiwn neu jingl yn aros yn y cof am amser mor hir a hiraeth amdano'n cyniwair cymaint o atgofion melys. Dyna'n sicr yw fy mhrofiad i mewn perthynas â Sain Abertawe, sef yr orsaf leol fwyaf poblogaidd yng Nghymru, os nad ar draws gwledydd Prydain ar un adeg, gyda dros hanner miliwn yn wrandawyr ffyddlon bob wythnos.

Hon oedd ein gorsaf leol ni yng ngorllewin Cymru yn cynnig amrywiaeth o gerddoriaeth, sgyrsiau, newyddion, hysbysebion a bwletinau tywydd ac iddi naws agos-atoch a chartrefol. Yn bwysig hefyd mewn ardal gyda'r dwysedd uchaf o ran nifer siaradwyr Cymraeg yng Nghymru gyfan yn ystod oes aur yr orsaf, roedd arlwy amrywiol o raglenni Cymraeg ar gael bob noson o'r wythnos rhwng 6.30 a 9.00. Yn ddi-os, bu'r rhaglenni Cymraeg hyn o'r 1970au a'r 1980au yn feithrinfa bwysig i gymaint o wynebau

a lleisiau ddaeth yn gyfarwydd i ni ar S4C a Radio Cymru flynyddoedd wedyn.

Gwersi Cymraeg dyddiol

Daeth fy nghysylltiad uniongyrchol i â Sain Abertawe i fodolaeth tua'r un adeg â chael fy mhenodi yn Diwtordrefnydd Dysgu Cymraeg i Oedolion ym Mhrifysgol Abertawe yn 1982. Cefais alwad ffôn annisgwyl un diwrnod gan Wyn Thomas, Pennaeth Rhaglenni Cymraeg yr orsaf ar y pryd, yn gofyn am gyfarfod. Roedd ganddo syniad, sef cyflwyno gwersi Cymraeg byr ar y radio er mwyn denu pobl i ddysgu'r iaith ac i ailgynnau diddordeb ymhlith y rhai oedd wedi colli eu sgiliau iaith. A dyna ddigwyddodd – am ddwy flynedd bûm yn rhoi gwers Gymraeg yn ddyddiol i Steve Dewitt, un o gyflwynwyr mwyaf poblogaidd yr orsaf.

Y drefn arferol oedd recordio gwersi'r wythnos ar fore Llun a byddai'r pytiau dwy funud o hyd yn cael eu chwarae bedair gwaith y dydd yn ystod y rhaglenni Saesneg gan gynnwys yn hwyr yn y nos. Profodd y gwersi hyn yn hynod o boblogaidd, gyda nifer o bobol yn cysylltu â'r orsaf i ofyn am fanylion dosbarthiadau Cymraeg lleol. Bu hyn yn help mawr o ran llenwi'r cyrsiau roeddwn yn eu trefnu yn yr ardal, gyda chymaint yn tystio iddynt gael eu sbarduno i gofrestru ar gwrs gan y gwersi radio dyddiol. Rhaid cofio bod hyn wedi digwydd ymhell cyn i Catchphrase ddefnyddio patrwm tebyg o ran cyflwyno gwersi Cymraeg ar Radio Wales gan ddefnyddio selebs fel dysgwyr go iawn – enghraifft arall o Sain Abertawe yn arwain y ffordd!

Y Cymry Newydd

Maes o law, datblygwyd syniad arall, sef rhoi cyfle am hanner awr bob nos Lun fel rhan o raglen Garry Owen, i ddysgwyr rhugl sôn am eu profiad o ddysgu'r iaith a'r manteision o fod yn ddwyieithog. Bu *Y Cymry Newydd* hefyd yn llwyddiannus gan roi llwyfan i bobol ddangos beth oedd yn bosibl ei gyflawni o safbwynt caffael iaith gydag ymroddiad a dyfalbarhad.

Yn ddiweddarach, ar ôl i mi symud i Brifysgol Caerdydd i weithio, dechreuwyd sgyrsiau gydag S4C i weld ym mha fodd y gallai'r sianel gefnogi dysgwyr, a datblygwyd y syniad o gyflwyno geirfa allweddol o gwmpas rhaglenni plant, megis *Ffalabalam*, i gynorthwyo rhieni di-Gymraeg, a chomisiynu cyfres fel *Bwrw 'Mlaen* i ddysgwyr cymharol rugl a siaradwyr dihyder. Erbyn hyn mae darpariaeth helaeth o raglenni i ddysgwyr gan S4C ar y sgrin ac ar-lein, a'r Ganolfan Gymraeg Genedlaethol yn helpu ym mhob dull a modd.

Mae'n rhyfedd cymaint y mae cyfraniad y cyfryngau wedi datblygu ers dyddiau cynnar Sain Abertawe a oedd yn arloeswyr ar y pryd o ran adnabod yr angen i bontio gyda siaradwyr di-Gymraeg, heb sôn am ddatblygiadau digidol nad oedd hyd yn oed yn bodoli deugain mlynedd yn ôl. Er bod y jingl bachog yn dal i atseinio yn y cof, ac yn fy atgoffa'n aml o'r dyddiau da yn Heol Fictoria, Tre-gŵyr, mae'n resyn bod yr orsaf o dan enw newydd (Greatest Hits Radio South Wales) wedi newid ei chymeriad yn llwyr erbyn hyn a'r arlwy Gymraeg wedi diflannu'n gyfan gwbl.

'Cenhadaeth' Sain Abertawe

Gareth Wyn Jones

Dechrau ar waith darlledu, ar ben ei waith bob dydd fel athro cynradd, wnaeth Gareth Wyn Jones yn 1976. Ond yn 1988 ymunodd â'r gwasanaeth yn llawn amser gan aros yn driw i'r orsaf am dros 40 mlynedd ...

Erbyn nawr, rwy'n meddwl y bu Sain Abertawe ar genhadaeth a ddechreuodd ar daith. Roeddwn innau yn teithio ar fws o Wrecsam i Amgueddfa San Ffagan pan glywais sgwrs am Sain Abertawe, adeg y gwanwyn yn 1974. O bryd i'w gilydd, er na fyddai innau'n rhan o'r sgwrs, fe ellir clywed rhywbeth diddorol.

Clywais fy narlithydd Cymraeg yn dweud y bu'r ymdrechion cynnar i sefydlu'r orsaf radio i ardal Abertawe mewn trafferthion, sef bod dau aelod blaenllaw o'r tîm oedd yn arwain y fenter, sef John Bevan a Martin Williams, wedi ymddiswyddo. Wrth gwrs, fe aeth Sain Abertawe ar yr awyr mor gynnar â mis Medi'r flwyddyn honno.

Yn gynnar yn 1976, pan oeddwn i'n chwilio am swydd dysgu, fe wnes i wrando ar gyngor fy mam, a ddwedodd wrthyf i gysylltu â'r orsaf radio leol gymharol newydd, Sain Abertawe, yn Nhre-gŵyr. Yn garedig iawn, fe wnaeth Pennaeth Rhaglenni Cymraeg yr orsaf, Wyn Thomas, wrando ar dapiau o fy nghyfnod yng Ngholeg Cartrefle, Wrecsam, a gofynnodd i fi fynd gyda recordydd Uher i holi pobol ar y stryd ym Mhontarddulais (*vox pops*). Y pwnc i'w drafod oedd pwysigrwydd y defnydd o'r Gymraeg mewn swyddi.

Ar ôl mynd yn ôl i'r orsaf, roedd yn rhyddhad i fi bod y sgyrsiau am eu darlledu ar yr awyr. Cynigwyd wedyn i mi leisio'r pecyn chwaraeon i fynd ar y bwletin newyddion, ac roeddwn eto'n arbennig o falch ar y pryd iddo gael ei gynnwys. Hynny fu fy narllediad cyntaf ar Sain Abertawe.

Mewn fawr o dro, daeth cynnig i gyflwyno bwletinau Cymraeg y bore bach. Gelwid y newyddion yn *20/20 News*, hynny yw, roedd y newyddion Saesneg ar yr awr a deugain munud wedi'r awr, a'r bwletinau Cymraeg am ugain munud wedi'r awr. Fy ngorchwyl innau oedd paratoi a darllen y bwletinau'r bore am 6, 7.20, 8.20, ac 9.20.

> 'Heb Sain Abertawe, byddai fy mywyd wedi bod mor wahanol a di-liw.'

Gareth Wyn Jones wrth ei waith yn darllen bwletinau newyddion

Roedd natur a bywyd gwyllt i'w weld ar ei orau yn y boreau bach bryd hynny. Wrth yrru i'r orsaf radio, gwelais yr hyn allai fod yn gath cwbwl anarferol. Rhaid mai cath wyllt oedd hi. Dro arall, gwelodd fy nghydgyflwynydd newyddion yn y Saesneg, David Williams, a finnau gadno a'i deulu yn ein maes parcio. Roedd y digwyddiad yn werth y byd, fel stori i orffen ein bwletinau.

Mynd o Eisteddfod i Eisteddfod

Yn 1980, roedd maes Eisteddfod Genedlaethol Dyffryn Lliw yn llythrennol yn ddim ond tafliad carreg o'n stiwdio. Cofiaf yn dda i mi gael fy anfon fel gohebydd dwyieithog ifanc a

dibrofiad i'r pwyllgor yng Ngorseinon, a chefais gyfle i holi Emyr Jenkins a Derec Llwyd Morgan.

Fe gafwyd sylwebaeth ddwyieithog gan Wyn Thomas a David Thomas ym mhrif seremonïau'r wythnos. Pan enillodd Robyn Léwis y Fedal Rhyddiaith, fe gyfeiriodd David at ei lyfr o dermau cyfreithiol, a cofiaf e'n

Uned allanol Sain Abertawe adeg Eisteddfod Genedlaethol yr Urdd, Aberafan 1983. Willie Bowen, Garry Owen a Gareth Wyn Jones gyda Mrs May John a'i merch, Gwennie, o Flaengwynfi.

dweud, 'Gareth Wyn often uses that book when compiling our Welsh news bulletins.'

Fe wnes innau gasglu'r newyddion ar y maes, a cherdded 'nôl i'r stiwdio i'w ddarllen.

Ac roedd gennym bresenoldeb mawr hefyd yn Eisteddfod Abertawe a'r Cylch yn 1982.

Ymuno â'r orsaf yn llawn amser

Yn y cyfnod yma, yn yr 1980au, fe wnes i gyfuno fy ngorchwyl bob dydd fel athro gyda'r bwletinau ddwy noson yn yr wythnos. Ar ôl i fi adael y byd addysg, daeth cyfle i fi ymuno yn llawn amser â Sain Abertawe.

Pan fu farw Willie Bowen, cyflwynydd tra phoblogaidd *Difyr Donc*, cefais innau wahoddiad i gyflwyno *Seiniau'r Sul*. Ymhen rhai wythnosau ar ôl hynny, gadawodd Garry Owen i ymuno gyda Radio Cymru a'r BBC.

Wedi hynny, yn 1988, daeth y cyfle i ymuno â'r orsaf yn llawn amser. Ar ôl cyflwyno'r rhaglen geisiadau, *Seiniau'r Sul*, mewn fawr o dro cefais gyflwyno rhaglen nos Fawrth, *Amrywiaeth*, a daeth cyfle i holi pobol am ystod eang o bynciau.

Fe wnaethom barhau gyda'r trefniant o fynychu'r Eisteddfod Genedlaethol ynghyd ag eisteddfodau'r Urdd yng Nghwm Gwendraeth yn 1989 a Dyffryn Lliw yng Ngorseinon yn 1993.

Ni fyddai'r Adran Gymraeg wedi bod mor llwyddiannus heb gymorth tra gwerthfawr y cyflwynwyr a gyfrannodd yn rheolaidd ac yn achlysurol, ac a fu'n rhan mor allweddol a phwysig o'n tîm.

Gareth Wyn Jones gyda'i gar Morris Minor a oedd mor gyfarwydd
ym maes parcio Sain Abertawe

Y Morris Minor ym maes parcio gwag
Sain Abertawe 2024

Sticer yr orsaf yn dal ar ffenest flaen y
car!

Cwrdd ag enwogion

Cefais y fraint un prynhawn i gyfweld â Cliff Morgan am nad oedd neb arall â gwybodaeth am rygbi o gwmpas ar y pryd. Daeth i'r orsaf i hybu gwerthiant ei hunangofiant. Roedd yn hyfryd iddo gytuno i siarad Cymraeg am ychydig ar fy rhaglen.

O flaen gemau rygbi rhyngwladol Cymru roeddwn yn ddigon ffodus i gael barn Delme Thomas, ac Elgan Rees hefyd yn y cyfnod cynnar. Hefyd, mae'n drist i nodi'r enwau eraill a ddaeth ar fy rhaglen fel Terry Davies, Clive Rowlands, Dewi Bebb a Barry John. Collwyd hwy yn rhy gynnar o lawer.

Ar ôl bwletin dau o'r gloch y prynhawn yn y Gymraeg, fe wnes i gwrdd â Dana, y gantores fyd-enwog o'r Iwerddon. Dyna ddiwrnod arall wna i byth ei anghofio. Mae'n berson hyfryd.

Cefais bleser hefyd fel gohebydd o'r cyfri yn yr etholiadau – etholiadau lleol a'r etholiadau cyffredinol yng Nghaerfyrddin yn 1992 ac yn 1997. O'r 1990au hwyr, hyd at fy nghyfnod olaf yn yr orsaf, diflannodd y bwletin prynhawn, ac yn ei le fe gafwyd un i lanw'r agendor am naw yr hwyr.

Yn yr 1970au hwyr bûm yn cyflwyno *Ar y Cae* bob prynhawn Sadwrn. Ac mae'n siŵr bod fy niddordeb mewn chwaraeon wedi dod i'r amlwg yn ddiweddarach fel cyflwynydd rhaglen nos Fawrth.

Un o fanteision radio lleol ydy'r agosrwydd at y gynulleidfa. Ceisiais fod yn agos at y gynulleidfa honno fel un a oedd yn rhannu eu hadegau o lawenydd, ac yn bresennol gyda hwy hefyd ar eu hadegau o dristwch. Os gwnes i gyfraniad fel cyflwynydd ar Sain Abertawe, gobeithiaf iddo fod yn un llesol a chartrefol.

Heb Sain Abertawe, byddai fy mywyd wedi bod mor wahanol a di-liw. Felly testun diolch ydy'r 41 o flynyddoedd o gysylltiad gyda Sain Abertawe.

Brwydr y Bandiau

Mae Ken Thomas o Gastell-nedd yn gyn heddwas ac yn bartner i gwmni garddio gyda'i fab Gareth. Mae'r ddau yn perthyn i fandiau lleol a'r gystadleuaeth rhyngddyn nhw wedi cael sylw ar Sain Abertawe tua diwedd yr 1990au ...

Atgofion cynnes sydd gen i o Sain Abertawe ers fy arddegau. Byddai Mam-gu wastad yn gwrando ar raglenni gyda'r nos, yn enwedig ar nos Sul pan oedd hi'n methu mynd i'r capel oherwydd ei hiechyd.

Yr enw Gareth Wyn Jones, oedd yn gyfarwydd iawn fel cyflwynydd, oedd yn chwarae cymysgedd o ganeuon Cymreig traddodiadol a chyfoes. Wrth i mi wrando ar y miwsig, mi ddes i fwynhau bandiau a chantorion fel Edward H. Dafis, Hergest, Dafydd Iwan, Meic Stevens, Huw Jones a Heather Jones.

Wrth imi dyfu a dysgu chwarae gitâr fe ddaeth bandiau a chantorion mwy cyfoes i ddylanwadu ar fy chwarae fel Y Trwynau Coch, Neil Rosser a'i fand, a'n hen ffrind Huw Chiswell. Mae'n amlwg nawr o'r caneuon dwi'n eu hysgrifennu a chwarae yn fy mand, Gwŷr y Stac, fod Sain Abertawe wedi helpu i roi sylfaen dda i mi dros y cyfnod yr oedd yn darlledu.

Battle of the Bands – Evening Post

Tystysgrif ennill Battle of the Bands
South Wales Evening Post

Tadau v meibion

Yn 1998 cychwynais fand blŵs o'r enw the Redeared Sliders gyda rhai ffrindiau o'm gwaith yn yr heddlu a doedd dim chwaraewr bas gyda ni. Roedd fy mab hynaf, Gareth, yn chwarae mewn band dwyieithog, Permanent Vacation, yn Ysgol Gyfun Ystalyfera gyda mab Alun Harris (Y Trwynau Coch), Aron. Gofynnais i Alun a fyddai diddordeb gyda fe i ymuno â'r band ac fe ymunodd gyda ni.

Roedd peth poeni rhwng y ddau fand ynglŷn â phwy oedd y gorau a phan ddaeth siawns i brofi hyn yn 'Battle of the Bands' Gŵyl Miwsig Pontardawe, derbyniodd y tadau'r sialens.

Cafwyd peth diddordeb o'r cyfryngau lleol, sef y *Courier* a'r *Evening Post*. Mae'n siŵr bod Gareth Wyn Jones wedi eu darllen a chysylltodd â fi i gael sgwrs am y gystadleuaeth.

Wrth gwrs, aeth Permanent Vacation ymlaen i ennill y gystadleuaeth a'r wobr i recordio cân yn yr Hot Town Stiwdio, Tre-boeth. Recordiwyd 'Cariad dros Ddafad' yn ddwyieithog a chyn hir roedd Gareth Wyn Jones ar y ffôn yn gofyn iddyn nhw ddod mewn i Sain Abertawe am gyfweliad.

Dwi'n cofio mynd â'r bechgyn lawr i Orseinon ac aros tu fas i'r ystafell ble roedd y darlledu'n digwydd. Rhwng cyflwyno caneuon ar y rhaglen buodd e'n siarad gyda'r bechgyn a dweud storïau am ei brofiadau fel DJ.

Roedd y stiwdio yn lle bach cartrefol a does dim amheuaeth bod y teimlad cartrefol hynny yn cael dylanwad ar y rhai oedd yn darlledu i'r Cymry lleol.

Bell ar y Bêl

Andy Bell

Mae'r newyddiadurwr Andy Bell yn gweithio ym myd darlledu yn Awstralia, ond cafodd ei gyfle cyntaf ym myd radio lleol yn ardal Abertawe. Ar yr un pryd, roedd y bachgen ifanc o Loegr wedi dysgu Cymraeg ...

Andy Bell yn Awstralia

Am chwech o'r gloch ar 8 Hydref, 1973 daeth radio lleol annibynnol, ILR, i fodolaeth.

LBC, cwmni darlledu Llundain, oedd y gyntaf o'r gorsafoedd newydd a fyddai, o dan oruchwyliaeth yr Awdurdod Darlledu Annibynnol, yn dod â rhaglenni a newyddion a dalwyd amdanynt gan arian hysbysebu. Ac roeddwn i yno!

Roeddwn wedi codi'n gynnar ar fore Llun cyn mynd i'r ysgol i glywed rhywbeth newydd sbon. Yn 15 oed roeddwn yn dwlu ar ddarlledu, yn enwedig radio – beth yw *nerd* yn Gymraeg?! Felly, doedd dim esgus i mi golli'r datblygiad hanesyddol hwn a minnau yn byw ym maestrefi gogleddol Llundain.

O fewn eiliadau o David Jessel, gynt o'r BBC, yn croesawu'r gwrandawyr roedd arwydd clir am natur a sŵn y newid. Llais Awstraliaidd, Ken Guy, ddarllenodd fwletin cryno cyntaf IRN, Independent Radio News. *Aussie* ar y radio a dim gêm griced!

Roedd Ken wedi gadael ei swydd saff yn Brisbane ac anelu am 'y famwlad'. Ei atgof mawr am y diwrnod cyntaf oedd David Jessel yn chwydu i fasged sbwriel yn y stiwdio eiliadau cyn i'r orsaf fynd ar yr awyr. Am ddechreuad!

Roedd yr hysbysebion yn gwneud LBC yn wahanol ond roedd natur ei darllediadau'n wahanol hefyd – roedd yn wasanaeth llafar yn unig. Ac ar ben y rhaglenni newyddion a chwaraeon daeth yr oriau o raglenni ffôn – *talkback* – yn ffordd o lenwi'r oriau yn ogystal â chlywed barn y bobol.

Er mai digon sigledig oedd dyddiau cynnar yr orsaf, roedd LBC a'i thebyg yma i aros ac i ddylanwadu ar

'Roedd 'na fwy o deimlad o agosatrwydd, ond roedd yna "safonau" hefyd.'

ddarlledu drwyddi draw.

O fewn wythnos daeth yr ail orsaf, Capital, hefyd yn Llundain. Gorsaf gerddoriaeth boblogaidd oedd hon – Radio 1 a Radio 2. Ac ar ben y miwsig ac o dan dermau'r drwydded ddarlledu gan yr IBA, roedd rhaglenni newyddion, celfyddydol a dogfennol.

Roedd radio masnachol wedi cyrraedd fwy na hanner canrif ar ôl sefydlu'r BBC.

Dilyn rhaglenni Cymraeg

Ychydig fisoedd yn ddiweddarach roedd fy nerdiaeth ar ben ei ddigon pan agorwyd gorsaf yng Nghymru – Sain Abertawe – a thrwy hynny, uno ag un arall o ddiddordebau arbennig fy mhlentyndod.

Oherwydd fy obsesiwn gyda darlledu fel plentyn fe fyddwn yn gwylio pob munud posib o'r teledu, yn ogystal â gwrando ar y tair gorsaf radio y BBC oedd yn bodoli yn yr 1960au. Yn eu plith roedd rhaglen deledu wnaeth gryn argraff arnaf. Ei henw oedd *Heddiw*. Bryd hynny, roedd rhaglenni Cymraeg prin y BBC yn cael eu darlledu amser cinio ar unig sianel y Gorfforaeth. Ac oherwydd heriau technegol tirwedd Cymru, a'r nifer fawr o Gymry alltud yn Lloegr, defnyddwyd Welsh transmitters and Holme Moss, Sutton Coldfield, Crystal Palace i'w darlledu.

Roedd teulu fy mam yn hanu o swydd Amwythig a thipyn o waed Cymreig ac ambell i ail gefnder yn siarad yr iaith hyd yn oed. Ac ar Holme Moss (trosglwyddydd cryf yn swydd Efrog), daeth bachgen pum mlwydd oed i wybod am y Gymraeg a Chymru. Ac roedd gweld *Heddiw* – heb ei deall – yn fan cychwyn i rhywbeth wnaeth arwain at ddysgu'r Gymraeg rhyw ddeng mlynedd yn ddiweddarach.

Andy Bell y darlledwr ifanc

Ac wrth i mi ddechrau dysgu o ddifri, diolch i *Welsh is Fun*, daeth newyddion o bellafoedd Gorseinon am fodolaeth Sain Abertawe.

Adeilad 'rhyfedd' ar dir gwastad ger afon Lliw

Roedd llawlyfr blynyddol yr Awdurdod Darlledu Annibynnol yn 1975 yn gymorth i mi ddarllen tipyn amdani a'i chynnyrch. Ac felly es ati i gysylltu â'r 'Head of Welsh Programmes' ac o fewn dim o dro trefnwyd ymweliad.

Fe fu'r Pennaeth hwnnw, Wyn Thomas, yn ddigon caredig i'm tywys o gwmpas adeilad rhyfedd dau lawr yng nghanol tir gwastad ger afon Lliw. Roedd y lle yn fyrlymus, mor wahanol i ffurfioldeb sefydliadol stiwdios Llundeinig y BBC lle bues i sawl gwaith i weld sioeau fel *20 Questions* a *Grand Hotel* yn cael eu recordio yng nghwmni fy mam.

Roedd y criw'n gyfeillgar ac yn dangos cryn ddiddordeb yn y llanc o Lundain a'i Gymraeg prin a bregus. Aeth fy Nghymraeg o wael i ddrwg i weddol – roedd capel Cymraeg yr Annibynwyr yn Harrow o fudd

amhrisiadwy – ac erbyn 1976 a minnau'n ddeunaw oed, dim ond un coleg oedd yn y ras i mi – Abertawe.

Trindod oedd yn apelio ataf – lleoliad yng Nghymru, o fewn dalgylch Sain Abertawe ac yn gartref i un o'r ychydig orsafoedd radio colegol yn y Deyrnas Unedig. Gwyn fy myd ... ac roedd yn wynnach fyth o fewn wythnosau wrth i mi ddod yn gefnogwr selog i'r Elyrch lawr ar y Vetch!!

Dysgu'r grefft o ddarlledu

Rhoddodd Radio Prifysgol Abertawe y cyfle i mi ddechrau dysgu'r grefft o ddarlledu. Crefft yw hi nid gweithred, gyda llaw. Rhaid bod yn feistr ar drafod y deciau recordiau, peiriannau tâp a jingls a mwy. Rhaid dysgu sut i wneud y pethe technegol angenrheidiol cyn

Far right: Cardiff Blue Dragons. Captain George Nicholls ably supported by Tommy David. Photo: G. Webster.
Centre: Gary Stevens in action for Cardiff City. Photo: R. Barratt.

Andy Bell

He's 24 years old. Early morning show and Sport. Joined CBC in April, 1980. as freelance presenter, became full-time in June, 1980.

Born Fleetwood, Lancs. ... studied at University College Swansea for BSc. Econ. degree . . . Full-time Treasurer Students Union UCS and Organiser Inter College Eisteddfod.

Begin broadcasting on University Radio Abertawe . . . did freelance work for BBC Wales and Swansea Sound while at college. Learnt Welsh before going to college.

Andy Bell

Andy Bell yn dilyn y chwaraeon

heglu hi am stiwdios Sain Abertawe'n aml ar fws dau lawr y South Wales Transport. Yn y dyddiau hynny roedd yn bosibl 'hongian o gwmpas' gorsafoedd radio lleol a chynnig help llaw heb i neb orfod cwblhau gwaith papur.

Felly, ar nosweithiau Llun fe fyddwn yn ceisio bod o gymorth i Wyn Thomas wrth iddo gyflwyno *Amrywiaeth* a *Byd yr Opera*. Y gwir plaen yw nad oeddwn i'n lot o iws!!! Ond fe gefais y cyfle i flasu gorsaf radio go iawn dros gyfnod helaeth, gweld y grefft a'r gwaith o greu rhaglenni.

Wrth wella fy sgiliau darlledu ac ieithyddol roeddwn yn ysu i fod yn rhan ohono. Ond nid felly oedd hi ... am y tro.

meddwl am 'berfformio' o flaen meicroffon.

Fi sefydlodd y rhaglen Gymraeg gyntaf yn ystod amser cinio dydd Sadwrn. Gan ei fod yn gyfnod o ymgyrchu dros ehangu darlledu yn y Gymraeg roedd 'na dipyn o sylw i'r fenter, gan gynnwys eitem ar *Heddiw*, y rhaglen roeddwn wedi bod yn wyliwr selog, di-glem ohoni ddegawd a mwy ynghynt.

A faint oedd yn gwrando ar ein hymdrechion? Trosglwyddyddion gwan iawn oedd gennym ni ym mhob un o'r tair neuadd breswyl ar gampws Parc Singleton, a oedd erbyn yr 1970au yn cynnwys dau lawr Cymraeg. Ychydig gannoedd ar y mwyaf oedd yn gallu ein clywed ni, llond dwrn oedd yn gwrando.

Ac wrth i mi fwrw rhyw fath o brentisiaeth yn RPA fe fyddwn yn ei

1980au – creu ail orsaf radio Gymreig

Ar ddechrau'r 1980au daeth ail orsaf radio Gymreig i fodolaeth, sef Cwmni Darlledu Caerdydd neu'r CBC yn yr iaith fain ac ar lawr gwlad. Ond nid gorsaf radio gyffredin mohoni.

Erbyn canol yr 1970au roedd 19 o orsafoedd ILR yn bodoli. Caerdydd oedd yr ugeinfed ac roedd 'na bwysau iddi fod yn wahanol i'r lleill.

Menter ar y cyd rhwng Mamon a'r gymuned oedd Darlledu Caerdydd a agorwyd ym mis Ebrill 1980. Roedd hanner y cyfranddaliadau yn nwylo pobol leol o'r byd busnes a'r hanner arall o dan yr hyn a alwyd yn Ymddiriedolaeth Radio Caerdydd. Felly cymysgedd o radio masnachol a radio cymunedol a gafwyd. Ac afraid dweud nad oedd y bartneriaeth yn cydio pob tro.

Roedd cael grwpiau gwleidyddol asgell chwith neu garfannau ffeministaidd neu ymgyrchwyr hawliau tai yn cyflwyno cynnyrch yng nghanol sioe ganol bore lle'r oedd y gynulleidfa yn disgwyl ryseitiau neu gyfweliadau gyda selebs yn lletchwith ar y naw.

Fe gafodd y Gymraeg ei lle – penawdau newyddion dwyieithog a hanner awr o raglen cyn i'r orsaf gau lawr am wyth y nos.

Ymhlith y criw Cymraeg o'r cychwyn roedd Vaughan Roderick, a oedd wedi bod yn ymchwilydd a chynhyrchydd yn y BBC, Siân Lloyd ac Eifion Jones. Ac fe ddaeth Ian Gwyn Hughes a Gareth Charles yn fuan wedyn. Criw clòs, brwdfrydig oedden ni, fel y rhan fwyaf o'n cyd-weithwyr.

Roedd 'na dalent crai, addawol yn gweithio i CBC ond roedd gormod ohonom yn dysgu ar yr awyr. Druan o'n gwrandawyr! Roedd 'na feirniadu o bob lliw a llun, o'r technegol i'r ieithyddol – roedd pobol gymunedol Gymraeg yr Ymddiriedolaeth am gael rhywbeth tebyg i Radio Cymru lleol, nid gwasanaeth gwahanol, perthnasol.

Er gwaetha'r holl egni a'r oriau gwaith hir nid oedd CBC yn plesio'r gynulleidfa. Dim ond cwarter o boblogaeth Caerdydd a'r cyffiniau drodd i '221 ar y donfedd ganol a 96 ar yr amledd uchel iawn' i wrando ar ein hymdrechion sigledig.

Roedd y ffigwr yn drychinebus o isel yn y dyddiau hynny – roedd Sain Abertawe yn cyrraedd dwy ran o dair o'i gwrandawyr posibl ar y pryd.

O fewn chwe mis o fodolaeth, aeth yr hwch drwy'r siop gyda hysbysebwyr yn cadw draw o'r orsaf. Gyda rheolwyr newydd a thipyn o hyfforddiant fe wellodd y safonau a daeth iachawdwriaeth o'r nefoedd – eira mawr mis Ionawr 1982.

Fi oedd wrth y llyw ar y bore cyntaf, ac am ddydd Sadwrn bythgofiadwy.

Roeddwn wedi cerdded tair milltir i'r gwaith yn oriau mân y bore o Barc y Rhath yn fy welingtons gwyrdd eisteddfodol.

Andy Bell, 22 oed, a'r boi newyddion oedd yr unig bobol yno am awr neu ddwy, a phrifddinas gyfan yn gwrando arnom. Roedd bwletin wyth o'r gloch yn rhestr o siopau oedd ar agor oedd â llaeth a bara, ynghyd â manylion am wasanaethau cyhoeddus. Bwletin 25 munud o hyd a gafwyd, ac yn y fan honno fe ddes i, a miloedd o bobol Caerdydd, i ddeall hanfod radio lleol – darlledu i'r gymuned ac ar ei chyfer.

Ac am wythnos a mwy, CBC oedd calon y gymuned heb os nac oni bai. Rhwng profiad caled a hyfforddiant ffurfiol daeth y criw di-drefn yn dîm darlledu hynod effeithiol ac enillodd Darlledu Caerdydd ei phlwyf o'r diwedd.

Aeth y ffigyrau gwrando i fyny'n syfrdanol i 48% ac roedd yr orsaf wedi sefydlu ei hunan wedi blwyddyn gyntaf drychinebus. Ac roedd y staff dibrofiad bellach yn ddarlledwyr da, solet. O fewn blwyddyn neu ddwy roedd llawer ohonynt wedi gadael am borfeydd brasach, a minnau yn eu plith. Dyma dynged radio lleol gan ei fod yn feithrinfa ddarlledu.

Bell ar y Bêl

Daeth yr alwad o'r gorllewin a chodais fy mhac am Heol Fictoria, Tre-gŵyr a gwireddu breuddwyd trwy ymuno â Sain Abertawe yn 1982 fel newyddiadurwr.

Roedd byw a bod yn Sain Abertawe yn wahanol i Ddarlledu Caerdydd. Gorsaf a oedd wedi hen sefydlogi oedd hi, ac roedd 'na safonau a disgwyliadau a chyfleoedd. 'Gyda'n gilydd' oedd arwyddair answyddogol y lle ers y cychwyn, felly doedd dim syndod i mi wirfoddoli i wneud pethe i bob math o raglenni Cymraeg a Saesneg ar ben gohebu a darllen bwletinau newyddion.

Teimlad o deulu oedd yn perthyn i'r lle, gyda thua

Yn paratoi at raglen Bell ar y Bêl

tri dwsin o bobol mewn adeilad eithaf bach – doedd dim dianc rhag eich cyd-ddarlledwyr. Roedd 'na ddihangfa yn aml wrth i ohebyddion gael eu danfon i drefi bach a mawr yr ardal. Ac wrth gwrdd â phobol leol, fe ddaeth ambell i newyddiadurwr ifanc yn riportar gwell o lawer.

Ac roedd ynganu'r geiriau, geiriau 'Fi'n dod o Swansea Sound' yn agor gwefusau pobol a fyddai'n mynnu i'r BBC nad oedd eu Cymraeg yn 'ddigon da'. Roedd y bobol hynny yn disgwyl eich bod chi'n eu trafod nhw yn deg ac yn bleidiol – nid 'ni' a 'nhw' oedd y berthynas. Roedden ni i gyd yn bobol leol, yn perthyn i'r un filltir sgwâr.

Darllen newyddion a hel straeon oedd fy 'nisgrifiad swydd', ond yn glou wnaeth pethe ehangu. Fe ddes i'n ohebydd ar hynt a helynt Dinas Abertawe wrth i'r tîm ddechrau disgyn o uchelfannau'r hen Adran Gyntaf. Rhoi adroddiadau yn ddwyieithog wnes i gydag ambell i sylwebaeth hefyd.

Erbyn 1984 roeddwn yn cyflwyno rhaglen chwaraeon ar nosweithiau Gwener gyda'r enw cellweirus, *Bell ar y Bêl*. Hanner awr oedd y rhaglen a minnau'n gwneud fy ngorau glas i gael cyfweliadau Cymraeg gyda phobol y campau ar draws de Cymru. Roedd yn gyfle euraid i ehangu fy nghrefft a deall beth sy'n gweithio a beth sydd ddim.

'Agosatrwydd' – cyfrinach darlledu

Garry Owen oedd y trefnydd Cymraeg yn ystod fy nghyfnod i, ac fe wnaeth yn siŵr bod gan Gymry Cymraeg raglenni perthnasol a safonol. Roedd ei gyngor i mi yn fodd i mi wella fy ieithwedd a'm sgiliau darlledu.

A'r darlledwr oedd yn frenin ar y cwbl oedd dyn bach hoffus canol oed gyda math o *comb-over* a thafod chwim a ffraeth. Willie Bowen oedd ei enw.

Fe oedd y darlledwr gorau i mi ei glywed ar radio lleol erioed. Doedd e ddim yn slic. Rhaid dweud nad oedd Willie B yn giamstar ar declynnau'r stiwdio ar adegau, ond roedd ganddo'r ddawn o gyfathrebu â'i gynulleidfa. Yn wir, mae gan y Gymraeg air gwell o lawer na chyfathrebu, agosatrwydd.

Cyfrinach radio yw siarad â'r sawl sy'n gwrando fel unigolion, nid fel llwyth anweledig, anghysylltiedig. Cyflwynydd cynnes a chyfeillgar oedd Willie a'i raglen emynau ac ati ar nos Sul yn boblogaidd tu hwnt.

Roedd Willie yn foi radio lleol cant y cant, rhywun nad oedd yn llygadu gyrfa fel fi a'm tebyg. Dros gyfnod yn yr wythdegau gadawodd Garry, fi ac eraill gartref cynnes radio lleol a mentro ar lwyfan mwy o faint gyda'r BBC. Ond arhosodd Willie yng nghanol ei bobol a'u gwasanaethu. A bu farw'n rhy gynnar o lawer.

Sefydlu rhwydwaith?

Daeth dwy orsaf Gymreig arall i fodolaeth yn 1983 – Sain y Gororau yn Wrecsam a Darlledu Gwent yng Nghasnewydd.

Gyda phedair gorsaf bellach yn bodoli yr oedd 'na drafod answyddogol rhyngom am sefydlu rhwydwaith cydweithredol o gyflenwi newyddion ac, o bosib, rhaglenni ar y cyd adeg digwyddiadau o bwys fel yr Eisteddfod Genedlaethol.

Ond er perthnasau cyfeillgar rhwng unigolion yn y gwahanol lefydd daeth dim byd ohoni. Ac erbyn diwedd yr 1980au y gwir lletchwith oedd mai dim ond Sain Abertawe oedd yn dal yn gwmni â gwasanaeth lleol go iawn.

Meithrinfa, man cychwyn oedd radio lleol i mi. Hebddo, ni fyddai'r swyddi a ges i gydag asiantaeth newyddion byd enwog Reuters, sianeli teledu masnachol Awstralia a'r ABC, fersiwn Oz o'r BBC, wedi dod i mi. Sylfaen i yrfa oedd radio lleol i mi. Ac, i ddefnyddio ymadrodd Awstralaidd, nid wyf yn Robinson Crusoe yn hynny o beth.

'Diolch am fod yn ffrind'

Gareth Rhys Hurford

Ym mis Tachwedd 2023 daeth y darlledu o orsaf Sain Abertawe ar Heol Fictoria, Tre-gŵyr, i ben wrth i Gareth Hurford gyflwyno'r rhaglen Gymraeg olaf. Erbyn y diwedd dim ond un neu ddwy gân Gymraeg yr awr oedd yn rhan o'r sioe wythnosol ...

Gareth Hurford

Roedd cyflwyno'r rhaglen Gymraeg ola ar Sain Abertawe mewn ffordd ryfedd yn fraint, ond petaech wedi dweud wrtha i ryw ddeng mlynedd yn ôl taw FI fydde'r llais lleol olaf ar yr orsaf byddwn i ddim wedi credu'r fath beth ac wedi ymateb gyda thristwch. Yn anffodus, fe ddaeth yr hwyl i ben yn hwyr yn 2023 ar ôl bron i hanner can mlynedd o ddarlledu lleol o Dre-gŵyr.

Roedd bod y llais olaf ar yr orsaf yn rhywbeth y cymerais yn hynod o ddifrif a doeddwn i ddim yn amau o gwbwl bod pwysau ar fy ysgwyddau. Roedd codi'r mic am y tro olaf yn anodd, nid jest i fi ond i'r holl staff a gwrandawyr. Doeddwn i ddim yn meddwl taw fi ddylai fod y llais olaf, ond dyna ddigwyddodd ac mi fydd yn rhywbeth y bydda i'n dal yn agos ataf am weddill fy mywyd.

Penderfynais fynd 'nôl at ddwyn hanesyn bod radio yn ffrind ac yn llais o gysur, felly, ar ôl ffarwelio am y tro olaf a diolch i bawb, y gân olaf a chwaraeais oedd cân Andrew Gold, 'Thank you for being a friend'. Roedd yn addas iawn, dwi'n meddwl.

Roedd yn ddiwedd cyfnod a diwedd pennod yn hanes radio lleol annibynnol Prydain, Cymru ac Abertawe. Yn wir roeddwn i'n teimlo holl hanes yr orsaf, ynghyd â'r lleisiau a aeth cyn hynny, yn drwm yn ystod y lincs olaf ar Sain Abertawe.

Mae Sain Abertawe wedi bod yn rhan o fywydau pobol ar draws de-orllewin Cymru am bron i hanner ganrif, dydych chi byth jest yn anghofio rhywbeth fel yna ac fe fydd

Sain Abertawe ym meddyliau pobol am flynyddoedd i ddod.

Dechrau'r antur

Yn swyddogol, dwi wedi bod yn gwneud radio am 20 mlynedd nawr. Dechreuodd yr antur pan oeddwn yn 8 oed yn fy radio ysbyty lleol yn Llanelli (Radio BGM), lle dwi'n dal i wirfoddoli heddiw fel pennaeth rhaglenni.

Dad, David Hurford, oedd y sbardun i fi gymryd diddordeb mewn radio gan ei fod o'n arfer gwneud radio ysbyty Glangwili a Sain Abertawe ar gyfer y sioe gelfyddydau gyda Griff Harries yn yr 1980au/90au, felly roedd radio o ddifrif yn y gwaed. Dwi'n dwlu ar gyfrwng radio, mae'n rhywbeth mor bersonol, ac i fi does dim yn well nag eistedd mewn stiwdio, chwarae tiwns go dda a chodi ysbryd pobol trwy fod yn fyw ac yn lleol.

Ar ôl tamed o amser yn gwneud pob math o raglenni ar Radio Ysbyty fe wnes i gyfnod o wirfoddoli ar radio FM Bro Radio yn y Barri. Roeddwn yn lwcus o gael fy swydd broffesiynol daladwy gyntaf ar Radio Ceredigion/Radio Sir Gâr, yn darlledu o'r stiwdios yn Arberth, Sir Benfro. Treuliais bum mlynedd hefyd yn gweithio i INRIX yng Nghaerdydd yn darlledu bwletinau traffig i'r gorsafoedd masnachol a'r BBC.

Gareth Hurford

Yn 2016 daeth galwad i ddod draw i wneud shifft dros nos ar chwaer-orsaf Sain Abertawe, The Wave, ar ôl i storm arw dorri'r rhwydwaith. Felly am un noson yn yr haf, fi oedd y DJ dros nos ac o'r fan honno, fe ges i gynnig i gymryd y sioe Gymraeg oedd ymlaen bob nos Iau ar Sain Abertawe.

Cyn yr holl newid pan ddaeth Greatest Hits Radio a Bauer, roeddwn yn darlledu yn ddyddiol, nid yn unig gyda'r sioe Gymraeg ond hefyd y bwletinau newyddion yn Gymraeg.

Mae shwd gymaint o atgofion o weithio ar Sain Abertawe. Y person cyntaf i mi weithio gydag e, ac a ddaeth yn ffrind hefyd, oedd Gareth Wyn Jones – llais hynod o adnabyddus ar Sain Abertawe ac yn ddarlledwr

dechre yn rheolaidd ar Sain Abertawe oedd y cysur gan y gwrandawyr. Dwi'n cofio un fenyw yn benodol oedd yn fy ffonio bob wythnos heb fethiant. Roedd hi'n byw yn Rhydaman gyda'i thad ac roedd siarad â ni yn Sain Abertawe yn uchafbwynt ei dyddiau. Daeth y fenyw mor gyfarwydd i mi y peth cyntaf fyddai hi'n gofyn ar ddechre'r alwad oedd 'siwt mae'r teulu?'

medrus tu hwnt hefyd. Dwi'n cofio sawl noson ar ôl gorffen y sioe am ddeg o'r gloch byddai Gareth a finnau'n dal 'na, yn dwyn atgofion a hen straeon am oriau. Roedd y teulu yn gwybod i beidio â fy nisgwyl i adre cyn hanner nos ar ôl y sioe.

Y peth cyntaf sylweddolais ar ôl

Dwi hefyd yn cofio tua hanner ffordd trwy raglen nerfus tu hwnt fe ganodd y ffôn. Neidiais bron allan o fy sedd ond doedd dim i boeni amdano – Steve Dewitt oedd yn dweud ei fod yn gwrando adre, ac er nad oedd e ddim yn deall gair o'n i'n ei ddweud, roedd yn dwlu ar y sioe ac yn fy

Darlledu rhaglen olaf Sain Abertawe mis Tachwedd 2023.
Y cyflwynydd oedd Gareth Rhys Hurford

llongyfarch ar gymryd y slot. Bydd y sgwrs yna yn aros gyda fi am weddill fy mywyd hefyd.

Colled enfawr i gymuned

Mae hiraeth am y cysur a'r cysylltiad gyda'r gynulleidfa oedd gan Sain Abertawe, rhywbeth arbennig yn wir. Roedd Sain Abertawe yn rhan enfawr o'n bywydau ar draws Abertawe a'r cymunedau cyfagos ac hebddo mae'r cymunedau'n dlotach.

Mae'n anodd iawn mesur effaith yr orsaf ar fywydau pobol, ond mae'r ffaith bod y ffôn wastad yn canu yn y stiwdio a phobol yn cysylltu ym mhob ffordd yn dystiolaeth o'i phoblogrwydd. Nid gorsaf radio yn unig oedd Sain Abertawe i'r bobol yma, ond ffrind, yn gysur, yn llais i'r unig, yn llinell newyddion, yn gymuned yn ei hun ac yn cynnig ystod eang o raglenni ar gyfer bob tast. Ni fydd byth unrhywbeth arall fel 'ny yn bodoli, dydw i ddim yn meddwl.

Bydd peidio â chael 1170 ar y radio mwyach yn golled enfawr ac, yn anffodus, dyna'r ffordd mae llawer o orsafoedd eraill wedi mynd ar draws y DU. Y gobaith yw y bydd pobol leol yn mentro cynnig sefydlu rhyw wasanaeth cymunedol tebyg yn ei le a phob lwc iddyn nhw, mae lle'n bendant ar ei gyfer, ond bydd e byth yn Sain Abertawe.

Dwi'n chwerwfelys wrth edrych yn ôl, yn ddiolchgar o fod yno ar y diwedd ac yn rhan o'i hanes ond yn drist ei fod wedi dod i ben, a heb lawer o reswm dros gael ei wared. Mae un dywediad Saesneg gan Dr Seuss yn dod i'r meddwl wrth i mi gofio fy amser yn Sain Abertawe, 'Don't cry because it's over. Smile because it happened.'

Mae Gareth Hurford yn aelod o swyddfa'r wasg, Heddlu De Cymru, ac yn cyflwyno bwletinau newyddion ar Radio Cymru dros y penwythnos

Darlledu Caerdydd

Vaughan Roderick

Daeth radio lleol i Gymru gynta' gyda Sain Abertawe cyn i sawl gorsaf annibynnol arall gael ei sefydlu.

Enillodd Vaughan Roderick, Golygydd Materion Cymreig BBC Cymru, brofiad gwerthfawr gyda Chwmni Darlledu Caerdydd, CBC...

Vaughan Roderick
Llun trwy garedigrwydd y BBC

Mae darlledu ym Mhrydain wastod wedi bod ynghlwm â gwleidyddiaeth a phan gollodd Edward Heath etholiadau cyffredinol 1974 rhoddodd y llywodraeth Lafur newydd stop ar ddatblygu'r rhwydwaith o orsafoedd masnachol, gan gynnwys y drwydded nesaf ar y rhestr, Caerdydd.

Am y blynyddoedd nesaf felly fe fyddai Sain Abertawe yn parhau i fod yn unig orsaf fasnachol Cymru.

Yn hytrach na chynyddu'r ddarpariaeth fasnachol gofynnodd Llywodraeth Harold Wilson i'r BBC ddatblygu rhwydwaith lleol gyda gorsafoedd sirol yn Lloegr a gorsafoedd cenedlaethol yng Nghymru, Gogledd Iwerddon a'r Alban.

Y penderfyniad hwnnw wnaeth arwain at lansio Radio Cymru ym mis Ionawr 1977 a Radio Wales ym mis Tachwedd 1978, fisoedd yn unig cyn i'r llanw gwleidyddol droi unwaith yn rhagor.

Gyda Radio Wales y ces i'n swydd gyntaf mewn darlledu gan weithio fel ymchwilydd ar raglen ddyddiol a gyflwynwyd gan ddarlledwr o'r enw Dan Damon oedd wedi symud o Loegr i Gymru.

Rhaglen ddisgiau oedd hon yn bennaf ond roedd ganddi un eitem a brofodd yn hynod o boblogaidd. Gwers Gymraeg ddyddiol oedd yr eitem honno gyda Dan fel disgybl a Cennard Davies ac eraill yn athrawon iddo.

Gydag ethol Margaret Thatcher yn Brif Weinidog yn 1979 fe hysbysebwyd y drwydded hir ddisgwyliedig ar gyfer gorsaf fasnachol yng Nghaerdydd. Fe ymgeisiodd hanner dwsin o gwmnïau am y drwydded gyda rhai yn cynnwys enwau mawrion o'r byd darlledu yng Nghymru a thu hwnt.

Roedd hi'n dipyn o sioc felly pan ddyfarnwyd y drwydded, nid i gwmni masnachol ond i grŵp cymunedol o'r enw Ymddiriedolaeth Radio Caerdydd oedd wedi ymgyrchu gyda'r slogan gofiadwy, 'Have a hand in what you hear'.

Gofynnodd y grŵp i Dan Damon fod yn bennaeth rhaglenni ar yr orsaf newydd a phan ofynnodd Dan i finnau fynd gyda fe, wnes i ddim meddwl ddwywaith am y peth gan y byddai'r swydd newydd yn rhoi'r cyfle i fi gael fy llais fy hun ar yr awyr!

Yn wir, fy llais i oedd y llais cyntaf i'w glywed ar donfeddi'r orsaf gan ddarllen cyhoeddiadau prawf yr Awdurdod Darlledu Annibynnol er mwyn mesur cryfder y signal.

Creu gwasanaeth newydd a rhaglenni Cymraeg

Fe brynodd y grŵp hen warws ar gyrion canol y ddinas ar gyfer ei bencadlys, ond hyd yn oed ar fy niwrnod cyntaf yn Radio House roedd hi'n weddol amlwg i mi fod 'na broblemau ar y gorwel.

Er mwyn codi'r arian i agor yr orsaf, roedd yr ymddiriedolaeth wedi gwerthu union hanner y cyfranddaliadau yn y cwmni newydd i fuddsoddwyr masnachol, gan gadw'r gweddill yn ei dwylo'i hun.

O'r cychwyn cyntaf roedd y buddsoddwyr preifat am sicrhau'r gynulleidfa fwyaf posib er mwyn sicrhau elw tra bod yr ymddiriedolaeth am weld gwasanaeth gydag elfennau llafar sylweddol a rhaglenni ar gyfer lleiafrifoedd.

Tasg Dan oedd ceisio cydbwyso'r amserlen a phlesio'r ddwy garfan – rhywbeth a oedd, fwy na thebyg, y tu hwnt i allu unrhyw un. Roedd 'na gwestiwn hefyd ynghylch p'un ai oedd y £350,000 a godwyd gan y cyfranddalwyr yn ddigon i gynnal yr orsaf pe na bai'n llwyddo'r dechrau'n deg.

Fe ddechreuodd adeiladu ei dîm gan ddewis Mark Williams i gyflwyno'r sioe frecwast – sioe sy'n gwbwl allweddol i lwyddiant unrhyw orsaf fasnachol.

Un o Faesteg oedd Mark ond o wrando arno'n darlledu fe fyddai'n hawdd credu ei fod wedi treulio ei oes ar draethau California. I gyd-gyflwyno'r rhaglen dewiswyd Jen Poston, Cymraes Gymraeg o'r cymoedd oedd yn siarad Saesneg gydag acen gyfoethog yr ardal honno.

Afraid dweud efallai bod y buddsoddwyr masnachol yn meddwl y byd o Mark tra bod yr ymddiriedolaeth yn dwlu ar Jen!

Andy Bell
Cylchgrawn CBC, Mawrth 1982

Eifion Jones
Cylchgrawn CBC, Mawrth 1982

Ymhlith pobol eraill oedd yna o'r diwrnod cyntaf oedd Mair James, merch tafarnwraig enwog y Ram yng Nghwm-ann ac Andy Bell, Llundeiniwr oedd wedi dysgu Cymraeg.

Tasg Mair ac Andy oedd darparu'r penawdau newyddion a ddarlledwyd yn Gymraeg o hanner awr wedi chwech y bore tan hanner awr wedi chwech y nos. Fe roddodd y bwletinau byr yna gychwyn ar yrfa sawl darlledwr Cymraeg, gan gynnwys Siân Lloyd (merch dywydd ITV), Gareth Charles ac Ian Gwyn Hughes i enwi dim ond tri.

Roedd 'na Gymry Cymraeg eraill ar y staff hefyd. Pan oeddwn i'n gweithio ar Radio Wales roedd Dan a minnau wedi dod ar draws gŵr o'r enw Eifion Jones oedd yn droellwr gwirfoddol gyda radio ysbyty'r C&A ym Mangor.

Roedd Eifion yn ddarlledwr naturiol a direidus, ac aeth ymlaen i fwynhau gyrfa hir gan ddefnyddio'r enwau Adrian Jones ar Sain y Gororau, gorsaf Wrecsam a Chaer, a Jonsi ar Radio Cymru.

Roedd uchelgais yr ymddiriedolaeth yn amlwg yn yr amserlen gyda rhaglenni'n cael eu cyflwyno gan wirfoddolwyr yn ogystal â'r staff llawn amser.

Yn ogystal â'r ddarpariaeth newyddion roedd 'na raglen nosweithiol yn Gymraeg oedd yn cael ei darlledu am 7.30 yr hwyr, pan nad oedd Radio Cymru ar yr awyr.

O'r cychwyn cyntaf fe'm synnwyd gan y nifer o geisiadau a negeseuon Cymraeg oedd yn dod naill ai gan garcharorion yng ngharchar Caerdydd, neu'n rhai a oedd wedi eu hanelu atyn nhw.

Fe gymerodd hi beth amser i ni weithio mas y rheswm am hynny. Er mwyn sicrhau nad oedd y carcharorion yn gwrando ar negeseuon radio'r swyddogion, roedd setiau radio FM wedi eu gwahardd o'r celloedd. Rhaglenni Darlledu Caerdydd ar y donfedd ganol oedd unig gyfle'r troseddwyr i glywed ychydig o Gymraeg.

Naill ai hynny neu roedd y drwgweithredwyr wedi canfod ffordd ddefnyddiol iawn o anfon negeseuon mewn cod y tu ôl i gefnau eu gwarchodwyr!

Nid y Gymraeg a'r Saesneg oedd yr unig ieithoedd i'w clywed ar yr orsaf. Roedd 'na raglenni wythnosol yn Hindi ac Urdu, yn ogystal â rhaglenni i leiafrifoedd eraill megis pobol o dras Garibïaidd, yr anabl a dilynwyr gwahanol fathau o gerddoriaeth – o ganu clasurol i ganu gwlad.

Y gobaith oedd y byddai cynnig rhywbeth at ddant pawb yn fodd i adeiladu cynulleidfa sylweddol heb orfod gorddibynnu ar gerddoriaeth bop a chwisiau i ddenu gwrandawyr.

Adeiladu mwyafrif allan o wahanol leiafrifoedd oedd y bwriad, ond fe

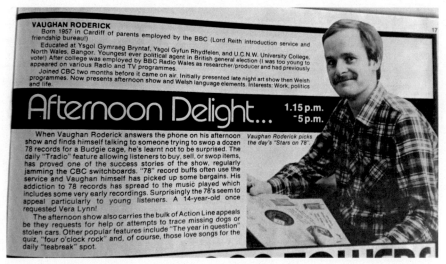

Vaughan Roderick yn cyflwyno rhaglen 'Afternoon Delights' ar CBC Cylchgrawn CBC, Mawrth 1982

weithiodd yn well ar bapur nag yn y byd go iawn.

I adlewyrchu natur amrywiol yr orsaf fe benderfynodd Dan na fyddai'r jingls traddodiadol, oedd ar gael o gwmnïau a stiwdios Americanaidd, yn gweddu i'r orsaf. Yn lle hynny fe wnaeth rhywbeth oedd yn anarferol iawn ar y pryd a gofyn i gerddorion sesiwn stiwdio Rockfield yn Nhrefynwy gynhyrchu pecyn ar gyfer yr orsaf. Y bwriad oedd sicrhau pecyn a fyddai mor wahanol â phosib i'r pecynnau oedd wedi cael eu defnyddio gan bron pob gorsaf ers dyddiau gorsafoedd peirat fel Radio Caroline a Big L.

Dwi'n cofio treulio dyddiau difyr iawn yn Rockwood yn gwneud ambell i awgrym a sicrhau bod y jingls Cymraeg wedi eu hynganu'n gywir.

Mae'r pecyn cyfan i'w glywed ar y we ac mae'n swnio'r un mor ffres heddiw â phryd hynny. Yn wir, enillodd jingls CBC gryn edmygedd yn y diwydiant. Ond roedd 'na wirionedd yng ngeiriau un cyfaill o Sain Abertawe – 'Great jingles, shame about the programmes'!

Her y ffigyrau gwrando

Mae pob gorsaf radio masnachol yn byw a bod ar ei ffigyrau gwrando a'r incwm hysbysebu sy'n cael ei asesu ar sail y ffigyrau hynny. Roedd hynny hyd yn oed yn fwy gwir yn achos CBC oedd yn gobeithio cyflawni llawer gyda chyfalaf annigonol.

Pan ddaeth y ffigyrau cyntaf roeddent yn dipyn o drychineb. Dim ond 28% o'r gwrandawyr posib oedd yn tiwnio i mewn o gwbwl yn ystod yr wythnos. Y ffigwr cyfatebol ar gyfer Sain Abertawe oedd 62%.

Roedd yr orsaf yn gwneud colledion difrifol a hyder hysbysebwyr lleol a'r cyfranddalwyr wedi eu hysgwyd – a Dan, yn anad neb, oedd yn cael y bai.

Roeddwn i'n meddwl ar y pryd a dwi'n credu hyd heddiw bod hynny'n annheg. Roedd Dan yn ddyn ifanc galluog a brwdfrydig oedd wir yn credu yn y syniad y tu ôl i'r orsaf.

Y syniadau ac anallu aelodau'r bwrdd i gydweithio oedd ar fai – nid y Pennaeth Rhaglenni.

Mae gyrfa hir, lwyddiannus Dan fel darlledwr i Sky a'r BBC yn brawf o hynny.

Er gwaetha'r ffigyrau gwrando gwael, doedd yr hwch ddim cweit wedi mynd drwy'r siop eto. Gofynnwyd i arbenigwr yr Ysgol Radio Cenedlaethol ddod i Gaerdydd i geisio trwsio'r

> 'Dim ond 28% o'r gwrandawyr posib oedd yn tiwnio i mewn o gwbl yn ystod yr wythnos. Y ffigwr cyfatebol ar gyfer Sain Abertawe oedd 62%.'

difrod ac roedd ei rysáit yn un digon syml.

Gwthiwyd y rhan fwyaf o'r elfennau cymunedol allan o'r oriau brig er bod y bwletinau Cymraeg wedi llwyddo i oroesi. Cafodd Mark a Jen eu symud o'r sioe frecwast gyda lleisiau mwy niwtral Andy Bell a Phil Miles yn cymryd eu lle.

Fe ges i fy symud o'r nos i'r prynhawniau, gydag Eifion yn mynd i'r cyfeiriad arall. Gydag oriau'r orsaf yn cael eu hymestyn fe wnaeth y rhan fwyaf o'r rhaglenni lleiafrifol osgoi'r fwyell.

Fe fyddai amserlen o'r fath wedi gwneud llawer o synnwyr o'r cychwyn, ond roedd angen cyrraedd ymyl y dibyn cyn i Alun Michael, Jane Hutt a gweddill cynrychiolwyr yr ymddiriedolaeth ar y bwrdd gytuno i gyfaddawdu.

Roedd hanner arall y bwrdd wedi bod yr un mor benstiff gan osod Dan mewn sefyllfa amhosib.

Fe ddaeth gwellhad buan yn y ffigyrau gwrando yn sgil y newidiadau, gyda'r canran oedd yn gwrando yn codi i 42% yn y misoedd dilynol. Roedd y ffigwr yna o hyd yn is na Sain Abertawe ond yn ddigon parchus o gymharu â gorsafoedd cyfatebol yn Lloegr.

Cylchgrawn CBC, 1982

Gweithio'n galed

Wrth edrych yn ôl, beth sy'n rhyfeddol yw pa mor galed oedd pawb yn gweithio. Roeddwn i, er enghraifft, yn darlledu am dair awr bob prynhawn, gwaith oedd yn cynnwys chwarae'r

Cylchgrawn CBC, 1982

cyfan o'r recordiau, hysbysebion a'r jingls ac ateb galwadau ffôn yn ystod y gerddoriaeth.

Ar ôl gwneud hynny byddwn yn paratoi ac yn cyflwyno rhaglen materion cyfoes Gymraeg oedd yn chwarter awr o hyd ac yn cael ei darlledu am wyth o'r gloch y nos. Ar ben hynny, roedd disgwyl i bob un o'r cyflwynwyr dyddiol gyflwyno o leiaf un sioe ar benwythnosau.

Roedd yr ysbrydoliaeth ar gyfer fy sioe benwythnos i wedi dod o fy nyddiau ar Radio Wales. Ar ôl lansiad Radio Cymru roedd un rhaglen Gymraeg o hyd yn cael ei darlledu ar Radio Wales. *Caniadaeth y Cysegr* oedd y rhaglen honno ac roedd hi'n un

o raglenni mwyaf poblogaidd yr orsaf Saesneg yn ogystal â'r un Gymraeg.

Roeddwn i hefyd yn ymwybodol iawn o lwyddiant Willie Bowen ar Sain Abertawe i ddenu gwrandawyr na fyddai'n gwrando ar Radio Cymru, doed a ddelo.

Cymysgedd o gerddoriaeth Gymraeg a Chymreig bur hen ffasiwn oedd *Sesiwn Sul / Sunday Session*. Roeddem yn chwarae emynau, corau, unawdwyr ac yn y blaen, gyda'r cyflwyniadau rhwng y recordiau yn Gymraeg a Saesneg am yn ail.

Fe lwyddodd y rhaglen gan ddenu cynulleidfa na fyddai'n gwrando ar yr orsaf ar unrhyw adeg arall – tric y mae *Friday Night is Music Night* yn ei gyflawni ar Radio 3 ar hyn o bryd.

Roedd yn fformat da ac fe fyddai'n gweithio o hyd, dwi'n meddwl, os oes unrhyw un yn dymuno mentro!

Gyda'r orsaf wedi ei sefydlogi roedd y gwaith yn galed ond hefyd yn hwyl. Ond roedd 'na un her fawr ola i ddod.

Gweithio, cysgu, bwyta yn yr eira mawr

Yn gynnar yn y nos ar y 7fed o Ionawr, 1982, fe wnaeth hi ddechrau bwrw eira yn drwm gan barhau i fwrw trwy'r diwrnod a'r noson ganlynol. Rhoddodd hyn stop ar bron bob agwedd o fywyd o ddydd i ddydd. Roedd yr ysgolion a bron pob gweithle ar gau.

Un o'r eithriadau oedd Radio House.

Mae gan radio le arbennig i chwarae mewn tywydd garw neu drychinebau – mae'n gyfrwng syml a hynod o wydn. Gyda miloedd o gartrefi yn ne Cymru wedi colli eu cyflenwad trydan, y radio oedd yr unig ffynhonnell wybodaeth i lawer.

Yn ffodus, roedd rheolwyr yr orsaf wedi rhagweld yr hyn oedd i ddod ac wedi bwcio'r staff darlledu i westy'r Royal rhyw ganllath o'r stiwdios.

Roedd hyd yn oed y daith fer honno'n gallu bod yn heriol ac roedd hi'n wythnos gyfan bron nes i'r rhan fwyaf ohonom weld ein cartrefi, gan wneud dim byd ond gweithio, cysgu a bwyta beth bynnag oedd ar ôl yn rhewgelloedd y Royal!

A dyna ni'n mynd am wythnos gyfan heb chwarae record, yn rhoi gwybodaeth ac yn gwneud apeliadau.

Erbyn y diwedd roedd Darlledu Caerdydd wedi ennill ei phlwy fel gorsedd gymunedol go iawn. Pan gafodd ei thraflyncu gan gwmni o bell rai blynyddoedd yn ddiweddarach roedd 'na dristwch go iawn ar ei hôl.

Ond doeddwn i ddim yna i weld

Cylchgrawn CBC, adeg eira mawr Mawrth 1982

hynny. Gydag S4C ar y gorwel, roedd 'na gyfleoedd di-ri i ddarlledwyr Cymraeg ifanc, ac ar ôl bwrw'r brentisiaeth orau posib, es i'n ôl at y BBC gyda llwyth o atgofion chwerw a melys ac ambell i gyfaill oes.

Dylanwadu ar ddarlledu heddiw?

Fe ddatblygodd y rhwydwaith masnachol yn gyflym yng Nghymru yn sgil agor CBC, ond roedd trafferthion ariannol gorsaf y brifddinas yn arwydd o'r trybini i ddod.

Fe brynwyd trwydded Caerdydd gan gwmni Red Rose Radio o Blackpool, cam wnaeth osod cynsail i gwmnïau mawrion brynu trwyddedau gan y cyfranddalwyr gwreiddiol.

Ni fyddai hynny wedi effeithio ar y gwrandawyr pe bai'r rheoleiddwyr wedi gwneud eu gwaith i sicrhau bod y rhaglenni a'r gwasanaethau newyddion wedi parhau i wreiddio yn eu cymunedau.

Yn lle hynny, fe ganiatawyd mwy a mwy o rwydweithio gyda thriciau cyfrifiadurol yn cael eu defnyddio i ychwanegu tinc lleol i'r rhaglenni o bell.

Erbyn heddiw mae hyd yn oed yr enwau yn dechrau mynd yn angof. Pwy bellach sy'n cofio GB Radio (Casnewydd), Champion FM (Caernarfon), neu hyd yn oed Sain y Gororau (Wrecsam)?

Ar yr un pryd fe osodwyd gorsafoedd cymunedol, sydd o hyd yn cynnig gwasanaethau lleol go iawn, o dan anfantais o safbwynt cryfder eu signal a'u hawl i werthu hysbysebion.

Fe ddiflannodd y Gymraeg yn llwyr o bob gorsaf bron iawn, ond yn rhyfedd iawn, mae gwaddol y gorsafoedd annibynnol i'w ganfod fwyaf ar donfeddi Radio Cymru a Radio Cymru 2.

Mae amserlenni a sain y ddwy orsaf yn efelychiad agos o'r hyn roedd Sain Abertawe, CBC a'r gweddill yn ei wneud ddeugain mlynedd yn ôl. Does dim rhyfedd efallai o gofio cymaint o staff Cymraeg y BBC wnaeth fwrw eu prentisiaeth yn y gorsafoedd masnachol.